전봉준

글쓴이 **김자환**

전남 순천시에서 태어났다. 광주일보 신춘문예에 동화가 당선되면서 작품 활동을 시작하였고, 계몽아동문학상, 새벗문학상, 아동문예작가상 등을 받았다. 지금은 어린이들이 꿈을 키울 수 있는 동화를 쓰면서 여수시 여도초등학교에서 아이들을 가르치고 있다. 지은 책으로는 《난 너하고는 달라》《쉬면서 노는 학교》《우리가 남이니》《엄마를 위하여》《늙은 별 좀생이》 들이 있다.

감수자 **도면회**

1961년 부산에서 태어나 서울대학교 사학과를 졸업했다. 경기대학교, 국민대학교, 서울대학교 등에서 학생들을 가르쳤으며, 서울대학교 규장각 특별 연구원으로 활동했다. 현재 대전대학교 인문학부 한국문화사학전공 교수로 재직 중이다. 지은 책으로는 《한말의 대전·충청남도》가 있다.

전봉준
우리가 잊지 말아야 할 나라를 지킨 장군 5

개정1판 1쇄 발행 | 2019년 9월 27일
개정1판 2쇄 발행 | 2025년 1월 2일

지 은 이 | 김자환
감 수 자 | 도면회
펴 낸 이 | 정중모
펴 낸 곳 | 파랑새
등   록 | 1988년 1월 21일 (제406-2000-000202호)
주   소 | 경기도 파주시 회동길 152
전   화 | 031-955-0670   팩   스 | 031-955-0661
홈페이지 | www.bbchild.co.kr
전자우편 | bbchild@yolimwon.com

ⓒ 파랑새, 2003, 2007, 2019
ISBN 978-89-6155-871-6 74910
       978-89-6155-866-2 (세트)

• 책값은 뒤표지에 있습니다.
• 출판사의 허락 없이 이 책의 일부 또는 전체를 인용하거나 발췌하는 것을 금합니다.
• 본 도서는 파랑새 〈인물로 보는 한국사〉 시리즈를 재편성한 도서입니다.

어린이제품안전특별법에 의한 제품 표시
제조자명 파랑새 | 제조년월 2024년 12월 | 제조국 대한민국 | 사용연령 10세 이상

우리가 잊지 말아야 할 나라를 지킨 장군 5

전봉준

김자환 글 | 도면회 감수

파랑새

추천사
삶의 등대가 되어 주는 역사 인물

'도로시'라는 미국의 교육학자는 '아이들은 사는 것을 배운다'라는 유명한 시를 남겼습니다. 그 내용은 다음과 같습니다.

만일 아이가 나무람 속에서 자라면 비난을 배웁니다.
만일 아이가 적개심 속에서 자라면 싸우는 것을 배웁니다.
만일 아이가 비웃음 속에서 자라면 부끄러움을 배웁니다.
만일 아이가 수치심 속에서 자라면 죄의식을 배웁니다.
만일 아이가 관대함 속에서 자라면 신뢰를 배웁니다.
만일 아이가 격려 속에서 자라면 고마움을 배웁니다.
만일 아이가 공평함 속에서 자라면 정의를 배웁니다.
만일 아이가 인정 속에서 자라면 자기 자신을 좋아하는 것을 배웁니다.
만일 아이가 받아들임과 우정 속에서 자라면 세상에서 사랑을 배우게 됩니다.

이 아름다운 시처럼 우리들의 아이들은 끊임없이 세상에서 무엇인가 배우고 있습니다. 자라나는 아이들에게 사는 것을 배우게 하는 가장 좋은 방법은 무엇일까요? 그것은 아마도 우리나라가 낳은 조상들 중에서 훌륭한 업적을 이룩하신 역사적 인물들을 배우고 그 인물들을 통해서 그들의 애국심과 남다른 인격을 본받는 것입니다. 지금까지 어린 아이들을 대상으로 하는 위인전은 많이 있었지만 이번에 발간한 인물 이야기처럼 이제 막 인격이 성숙하기 시작하는 초등학교 고학년에서부터 사춘기에 이르는 중학생을 상대로 한 인물 역사책은 거의 없었던 것으로 알고 있습니다. 사실 이런 책들은 역사를 인식하고 역사적 인물을 이해할 수 있는 연령을 대상으로 하였을 때, 비로소 그 빛을 볼 수 있다고 생각합니다.

꼭 알아야 할 역사적 인물을 선정해서 발간하는 이 책은 우리 아이들에게 무한한 자부심과 희망과 꿈을 키워 줄 것입니다.

그리고 이 책은 역사학자들의 철저한 감수와 고증을 거쳐 역사적 사실이 흥미 위주로 과장되거나 주관적인 해석으로 왜곡되지 않고 정확하게 전달되도록 온 힘을 기울였습니다.

존경하는 인물을 한 사람 가슴에 품고 자라난 아이들은 가슴 속에 하나의 등대를 갖고 있는 항해사와 같습니다. 아이들의 먼 인생 항로에서 언제나 꺼지지 않는 등불이 되어 절망과 역경에 이르렀을 때도 그 앞길을 밝혀 주는 희망의 등불이 될 것입니다.

자라나는 아이들은 미래의 희망입니다. 그들에게 사는 것을 가르치기 위해서는 아이들이 살아갈 조국, 내 나라 내 땅을 위해 땀과 피와 목숨을 바친 훌륭한 역사적 인물들의 씨앗을 우리 아이들의 가슴 속에 뿌려 주는 일일 것입니다. 그 씨앗은 아이들 가슴 속에서 무럭무럭 자라나 마침내 아름다운 꽃과 무성한 열매를 맺게 될 것임을 저는 의심치 않습니다.

이어령 전 문화부 장관

지은이의 말

안도현의 시집을 읽다가 가슴이 써늘해지는 시구를 만났다.

연탄재 함부로 발로 차지 마라
너는
누구에게 한 번이라도 뜨거운 사람이었느냐

누구에게 한 번이라도 뜨거운 사람이었느냐?
 전봉준과 만나기 위해 자료를 모으고 정리하는 동안 이 시구가 머릿속에서 내내 떠나지 않았다. 이 세상에 역사를 뜨겁게 살다 간 사람이 어디 한둘이겠는가. 그러나 내가 만난 전봉준은 그 열기가 유난히 강하게 느껴졌고, 또 유난히 강한 사람 몸냄새가 났다.
 나는 전봉준을, 갑오 농민 전쟁을 이끈 장군으로서가 아니라 이 나라와 민초들을 뜨겁게 껴안고자 했던 한 인간으로서 만나고 싶었다. 자신의 영달을 버리고 가족들마저 희생해 가면서 때를 기다려, 마침내 농민 전쟁을 이끌었을 때 그가 맛보았던 인간적 고뇌가 오죽했으랴. 그러나 그는 이 나라와 민초들을 위해 자신을 아낌없이 불태웠다. 그리고 그의 뜨거운 혼과 정신은 오늘날에도 계속 이어지고 있다. 마치 해마다 녹두꽃이 새로이 피어나듯이.

   나는 전봉준이 여전히 살아 있음을 믿는다. 그리고 이 글을 쓰는 동안 나도 누구에게 한 번이라도 뜨거운 사람이 되어야겠다고 수없이 다짐을 했다. 이 책을 읽는 어린이들도 나와 같은 마음이었으면 좋겠다.

김자환

차례

추천사   5
지은이의 말   8

1. 작지만 큰 아이   12
2. 크게 되지 않으면   22
3. 사람이 하늘   34
4. 등소로는 아무것도 할 수 없다   43
5. 일어서는 것만이   52
6. 고부에서 타오르다   62
7. 서면 백산 앉으면 죽산   76
8. 새야 새야 녹두새야   87
9. 점화   97

10. 가자, 전주로! 가자, 서울로!   102
11. 작전의 승리, 황토재 전투   115
12. 총알이 비켜 간다, 황룡촌 전투   132
13. 전주성을 손안에   144
14. 전주 화약   154
15. 지방 통치의 문을 열다   170
16. 우리나라의 가장 큰 위기가 어디에 있는가   175
17. 다시 일어서는 농민군   184
18. 공주 대혈전   192
19. 아, 우금치   202
20. 다시 피는 녹두꽃   208

1. 작지만 큰 아이

　만장봉은 소요산을 이루는 여러 봉우리 가운데 가장 우람한 산봉우리이다. 사람의 몸으로 치자면 머리에 해당한다고나 할까. 사람들이 신령스럽게 여겨 우러르는 영봉이다.
　그런데 어느 날, 그 만장봉이 뚜벅뚜벅 걸어 내려오더니 글공부하다 잠이 든 전창혁의 목구멍으로 들어오는 것이었다.
　"으악!"
　선비 전창혁은 소스라치게 놀라며 잠에서 깨었다. 꿈이었다.
　'이상한 꿈도 다 있구나.'
　꿈을 깬 전창혁의 몸은 땀으로 흠뻑 젖어 있었다.
　'왜 그런 꿈이.'
　꿈이란 평소 생각을 많이 하거나 마음에 둔 것들이 나타나는 법인데, 미처 상상하지도 못했던 일이 꿈속에서 일어난 것이었다.
　'혹시?'
　전창혁은 무언가 범상치 않은 예감으로 몸이 떨렸다.
　그로부터 열 달 뒤인 1855년 어느 날.

전라도 고창현 덕정면 당촌마을에서는 한 사내아이의 울음소리가 마을을 뒤흔들었다.

아버지 전창혁, 어머니 광산 김씨. 그리고 갓 태어난 사내아이가 바로 전봉준.

아기의 울음소리는 유난히 우렁차고 뜨거웠다.

후일 한 인간으로서는 불행하기 짝이 없는 삶을 살아가게 될 자신의 운명을 예감했기 때문일까. 아니면 갑오 농민 전쟁을 통해 근대 민중 운동을 이끌어 갈 혁명가로서의 일생에 대한 그 뜨거움 때문이었을까.

아무튼 이 아기의 울음소리는 우리 역사상 최초로 민중 스스로가 대창과 칼을 들고 일어나 나라의 주인 노릇을 제대로 하려 했던 소중한 역사적 체험과 교훈을 남겨 주게 될 신호탄이었다.

전봉준의 어릴 적 이름은 명숙.

그러나 동무들은 '명숙'이라는 이름을 제쳐 두고 '녹두'라고 불렀다.

녹두는 팥알보다도 작은 밭곡식이다. '녹두'라는 별명은 명숙의 키나 몸집이 그만큼 작다는 뜻이었다. 그래서 그는 뒷날 '녹두 장군'이라는 별명을 얻게 된다. 물론 이 별명 속에 그를 믿고 따르는 민중들의 한없는 존경과 사랑의 뜻이 담겨 있음은 말할 필요조차 없다.

전봉준은 비록 키가 작고 몸집 또한 녹두알 같았지만, 힘이 세고 다부지며 민첩했다. 죽림리 당촌마을 앞을 한가로이 흐르는 내에서 헤엄치기나 고기잡이 내기를 하면 따라올 또래가 없었고, 병풍처럼 둘러싸인 마을 뒷산에서 전쟁놀이를 할 때도 언제나 대장이었다. 또래 동무들은 물론 손위 형들까지도 그의 뜻과 지시를 기꺼이 따랐다. 전봉준은 작지만 큰 아이였고, 작지만 나중에 큰사람이 될 싹이 어려서부터 가슴속에서 자라고 있었던 것이다.

이러한 소문은 당촌마을뿐만 아니라 이웃 마을까지 퍼져 나갔다. 그래서 어른들도 '전녹두' 하면 모르는 사람이 없었고, 애 어른 할 것 없이 전봉준을 아예 녹두라고 불렀다.

전봉준은 녹두라는 별명을 대수롭지 않게 받아넘겼으나, 정작 속상해하는 이는 어머니였다.

"여보, 명숙이가 저렇게 자라지를 않으니 어떻게 해요? 어미를 잘못 만나서."

어머니는 전봉준을 볼 때마다 눈시울을 붉히곤 하였다. 그러면 아버지 전창혁은 정색을 하며 타일렀다.

"몸만 크면 무얼 하오? 몸속 사람이 커야지. 두고 보시오. 명숙이는 몸뚱이는 작아도 장차 큰일을 할 테니."

"그렇지만 한창 자랄 나이에 죽도 제대로 먹이질 못하니 키가 크지 않을 수밖에요."

"거, 무슨 소리! 배곯는 집이 어디 우리 집뿐이란 말이오? 저 못된 탐관오리들의 등쌀에 보릿고개를 못 넘기고 죽어 가는 백성들이 이

나라에 어디 한둘이란 말이오? 망할 세상!"

전창혁은 마치 아내가 그런 탐관오리이기라도 하는 것처럼 눈을 부릅뜨곤 했다.

이러한 어려운 형편 속에서도 전봉준은 다섯 살이 되자 서당에 들어가 글공부를 시작했다.

그는 글을 배우는 속도가 다른 또래들보다 월등히 빨랐을 뿐 아니라, 글 짓는 재주 또한 뛰어나 훈장도 혀를 내두를 정도였다. 전봉준이 열세 살에 지었다는 '백구(갈매기)'라는 한시는 그의 글재주를 여실히 보여 준다.

스스로 모래밭에 마음껏 노닐 적에

흰 날개 가는 다리로 맑은 가을날 홀로 섰네.
부슬부슬 찬비는 꿈속 같은데
때때로 고기잡이 돌아가면 언덕에 오르네.
허다한 수석은 낯설지 아니하고
얼마나 많은 풍상을 겪었는지 머리가 희었네.
마시고 쪼는 것이 비록 번거로우나 분수를 아노니
강호의 고기 떼들아 너무 근심치 말아라.

열세 살 소년의 작품이라고는 믿기지 않을 정도로, 세상의 깊은 곳까지 꿰뚫어 보는 어른스러움과 선비다운 늠름한 기상을 엿볼 수 있다.

그러나 이런 천재성과 어른스러움을 동시에 지닌 소년 전봉준에게도 불만은 있었다. 그것은 이사를 자주 다녀야 하는 것이었다. 고창 당촌에서 전주로, 전주에서 원평 황새마을로, 거야마을, 태인 지금실. 정이 들 만하면 그곳 산천, 그곳 사람들과 이별을 해야 하는 것이었다. 실제로 전봉준은 소년기에서부터 갑오 농민 전쟁 당시 고부 조소 마을에 정착하기까지 수없이 거주지를 옮기게 된다.
　"또 이사를 해요?"
　전봉준이 얼굴을 찌푸리면 아버지 전창혁은 묵묵히 고개를 끄덕였다. 아들의 마음을 헤아리지 못하는 것은 아니지만 그것은 어쩔 수 없

는 일이었다. 양반이라는 것은 허울 좋은 이름일 뿐, 식구들을 부양하기 위해서는 일자리를 찾아다녀야만 했던 것이다.

  조선 후기에 들어와서는 아무리 양반 가문이라고 해도 벼슬을 얻지 못하면 나라의 보호를 받지 못했다. 그러므로 양반들도 가세가 기울면 직접 노동을 하여 가정 경제를 꾸려 가야만 했다. 더구나 돈으로 벼슬을 사고파는 매관매직이 판을 치던 때라 경제력이 없어서 몰락하는 양반들은 갈수록 늘어나게 되었다. 전창혁도 그런 양반 가문 중의 하나였던 것이다.

"명숙아, 조금만 더 참거라. 이렇게 힘들게 사는 사람들이 어디 우리들뿐이더냐."

전창혁은 아들의 손을 힘주어 잡았다.

"나라 꼴이 험해서 지금은 힘들게 살지만, 언젠가는 반드시 좋은 세상이 올 것이다. 그 좋은 세상을 만들기 위하여 너는 정성을 다해 장래를 준비하고, 힘없는 백성들과 옳은 일을 위해서는 한 목숨 기꺼이 바치겠다는 각오와 정신을 잊지 말도록 해라."

전창혁의 한 마디 한 마디에는 힘이 그득 실려 있었다.

"예, 아버지!"

입술을 한일자로 굳게 다문 어린 전봉준의 눈에서 사람을 쏘는 듯한 빛이 났다. 비록 같은 또래의 다른 아이들에 비해 키도 몸집도 형편없이 작았지만, 그에게는 사람을 위압하는 그 무엇이 있었다.

'이 아이는 반드시 큰일을 할 것이다.'

이것은 아들 전봉준에 대한 아버지 전창혁의 믿음이었다. 굳이 만장봉이 목구멍으로 들어오던 태몽을 떠올리지 않더라도, 그만큼 전봉준은 비상한 데가 있는 아이였다. 영리할 뿐만 아니라 재주가 뛰어나고, 담대하고 대범하며 심지가 곧아서 속내를 함부로 드러내지 않았다. 또한 극진한 효성에다 웃어른에 대한 깍듯한 예의 범절, 특히 사람을 쏘는 듯한 형형한 눈빛과 대장부다운 기개가 있었다.

전봉준에게 가장 큰 영향을 준 이는 아버지 전창혁이었다.

전창혁은 비록 몰락한 양반으로서 이 마을 저 마을 떠돌며 구차하게 생계를 이어가는 가운데서도 선비로서의 품위를 잃지 않았다. 항상 농민들이나 고통받는 백성들 편에 서서 관아의 탐관오리들과 맞서기를 두려워하지 않았다. 정의감에 불타는 대쪽 같은 선비였던 것이다. 마을 사람들에게 존경을 받았음은 당연한 일이며, 전봉준에게 커다란 영향을 주었음도 두말할 필요가 없다.

전봉준은 그런 아버지 밑에서 글을 배우고 몸을 가꾸며 훗날 지도자로서의 소양을 길렀던 것이다.

그러면서 가슴속에다 도탄에 빠진 이 나라와 백성을 구하고자 하는 커다란 뜻을 심어 가꾸던 시기, 이것이 전봉준의 소년기였다.

2. 크게 되지 않으면

　스무 살이 되어 관례를 치른 전봉준은 그때까지의 이름이던 '명숙' 대신 '봉준'이란 이름을 쓰게 되었다.
　전봉준.
　반제·반봉건 투쟁의 선봉장, 그리고 민중을 위한 새로운 사회 건설을 꿈꾸며 뜨겁게 살다 간 한 혁명가로서의 빛나는 이름이 마침내 이 세상에 등장하게 된 것이다.
　관례를 마친 청년 전봉준은 혼인을 하여 아내를 맞아들였다. 그리고 슬하에 2남 2녀를 두면서 장년이 되어 갔다.
　가정을 이룬 후에도 그의 생활은 조금도 나아지지 않았다. 아니 나아질 것이 없다는 게 더 옳은 표현일 것이다. 그리고 그것은 비단 전봉준뿐만이 아니었다.
　19세기 후반 조선 사회는 삼정의 문란으로 썩을 대로 썩고, 더구나 국가 조직력이 힘을 잃은 상태에서 외세의 침략마저 잇따랐기 때문에 무너지기 직전이었다.
　이 어려운 때에 정권을 잡은 흥선대원군은 한때 과감한 개혁 정책으로 잠시 나라의 기강을 바로잡는 듯했다. 그러나 고종의 친정이란 이름으로 명성황후와 민씨 척족이 정권을 잡은 뒤부터는 국가의 혼란이 막바지에 이르게 되었다.

민씨들은 부정부패의 온상으로서 대내적으로는 온갖 비행을 저지르고, 대외적으로는 강대국의 힘에 굴종하여 정권을 유지하는 한심스런 집단이었다. 감사와 유수를 해마다 바꾸고, 매월 인사 행정을 단행하면서 벼슬자리를 팔아넘겼다. 또 해마다 과거를 10여 차례씩 실시하여 갖다 바치는 돈의 액수로 합격 여부를 결정했으니, 매관매직은 이 무렵 극에 달하고 있었던 것이다.

막대한 돈을 들여 벼슬자리를 산 관리들에게는 애당초 백성들이 눈에 들어올 리가 없었다. 그들에게 백성들은 단지 벼슬을 사는 데 든 비용을 벌충하기 위한 수탈의 대상일 뿐이었다.

당시 조선의 농민은 7, 8할이 소작농이었다. 수확의 절반 이상을 지주에게 바쳐야 했고, 부당하게 조세까지 떠맡아야 했으며, 여기에다

관리들의 가렴주구에까지 시달려야 했으니 농민들의 삶은 참혹하기 그지없었다.

여기에다 일본 상인들의 조선 진출은 농민들의 생활고를 더욱 가중시켰다. 1876년에 강화도 조약 이후 일본은 조선 국내 시장에 침투해 들어오기 시작했다.

일본이 조선 시장을 지배한 주요 품목은 면직물과 곡류였다. 일본 면직물이 조선에 들어오자 그 동안 농가의 부업으로 만들던 면직 제품과 시장 판매를 목적으로 가내 수공업에 의해 생산되던 면직 제품의 판매가 어려워졌다. 작으나마 상품 생산으로 자본을 모으려던 가내 수공업자들과 베짜기를 부업으로 삼던 농민들의 꿈이 여지없이 깨지고 말았던 것이다.

그리고 더욱 심각한 것은 일본의 쌀 수입이었다. 일본 상인들은 지주들에게서도 쌀을 사들였으나, 그보다는 손쉽게 헐값으로 내놓는 상대를 골라 사갔다. 주로 자작농과 소작농이 대상이었는데, 이들이 쌀을 파는 것은 먹고 남아서가 아니라 허기진 배를 움켜쥐고서도 팔지 않으면 안 되는 딱한 사정에 처해 있기 때문이었다. 대동법 폐지 이후 각종 세금을 돈으로 내게 됨에 따라 돈이 필요하게 되었던 것이다. 일본 상인들은 이를 교묘히 이용했으며, 심지어는 입도선매의 악랄한 수단으로 봄에 예상 수확량의 절반에도 못 미치는 돈을 치르고는 가을에 쌀을 몽땅 훑어갔다. 한마디로 약탈이었다.

일본이 쌀을 싹쓸이하듯 훑어가자 정작 조선에는 쌀이 부족했다. 당연히 쌀값이 오를 수밖에 없었다. 입도선매로 미리 쌀을 빼앗긴 조선의 농민들은 비싼 쌀을 사 먹어야 했고, 그러기 위해서는 봄에 아직 이삭도 나오지 않은 벼를 미리 팔 수밖에 없었던 것이다. 이것이 개항 이후 조선 농민이 걸어야 하는 몰락의 길이었다.

이것을 지켜보는 젊은 전봉준은 피가 끓어올랐다.

"썩은 나라, 썩은 관리!"

전봉준은 논 서너 마지기로 생계를 유지해야 하는 자기 생활의 궁핍함보다는 관리들의 수탈과 일본 상인들의 약탈, 그리고 대흉년으로 인해 고통받는 농민들의 아우성이 더 가슴 아팠다. 태인, 정읍, 고창, 전주. 가는 곳마다 눈에 띄는 것은 죽지 못해 모진 목숨을 겨우겨우 이어 가는 농민들의 처절한 모습뿐이었다.

'오랫동안 외척들의 득세로 조선의 정치는 썩을 대로 썩었고, 유생이란 것들은 제각기 낡은 명분을 내세워 주도권 싸움에만 세월을 보내고, 젊은 개화당은 뒷일은 생각하지 않고 조급하게 굴다가 일을 망치고 말았으니.'

전봉준은 한숨을 내쉬었다. 다른 나라에 문호를 개방한 것은 국제 정세의 흐름에 따라 어쩔 수 없었다고 치더라도, 아무런 대비도 없이 일본에게 국내 시장을 개방하여 농민 생활이 피폐해진 것은 땅을 치고 통곡할 일이었다.

'나라가 이 지경에 이르렀는데도 누구 한 사람 바른 길을 보여 주지 못하고 있으니, 이 나라 농민들은 무엇을 믿고 기댄단 말인가.'

당장 팔을 걷어붙이고 나서서 이 땅 농민들을 살리는 데 앞장서고 싶었다. 그러나 아직은 그에게 힘이 없었다. 그리고 그가 기다리고 있는 '그때'가 아직은 아니었다.

전봉준은 집안 살림을 아내에게 맡기고 집을 떠나 생활하는 때가 많았다. 이곳저곳을 두루 다니면서 조선의 산천을 눈여겨보았고, 또한 현실의 큰 흐름을 파악하는 안목도 키웠다. 한때 원평 거야마을의 김덕명 집에서 식객 생활도 했으며, 태인 지금실마을에서는 김개남, 송희옥과 함께 지내면서 시국을 토론하기도 했다.

그런 가운데서도 전봉준은 학문을 게을리하지 않았다. 공맹의 학문은 물론이요, 시경이나 서경, 그리고 방술·풍수·점복, 여기에다 다산 정약용 같은 실학자의 국가·체제에 관한 개혁 사상에 이르기까지 사회 개혁에 도움이 될 신사상이라고 생각되는 것은 놓치지 않고 공부했다.

전봉준에게 특히 큰 영향을 준 것은 동학의 인내천 사상과 더불어

다산의 〈원목〉, 〈탕론〉이었다. 이 책들의 핵심 내용은 민권주의를 옹호하고 군주 제도 및 세습 제도의 부당성을 입증한 것으로서, 훗날 전봉준이 갑오 농민 전쟁을 이끄는 데 크게 작용을 했다.

전봉준은 태인 지금실이나 고부 양교리에서 지내던 때, 서당을 차려 아이들을 가르치며 가계를 보태었다. 또 고부 농민 봉기 당시 고부의 조소마을에 살 때에는 가까운 두지리에 방을 얻어 약을 팔며 농민들의 병을 고쳐 주기도 했다. 당시 몰락한 양반 계층에서는 한문 서적을 많이 읽었기 때문에 한약을 처방해 주거나 남의 병을 치료해 주는 일은 그리 어렵지 않은 것이었다. 전봉준은 이러한 일을 하면서 민중들의 마음을 읽고 신뢰를 쌓아 갔으며, 필요한 정보를 얻거나 뜻이 맞는 사람들과 교류하면서 무언가 은밀한 계획을 세워 갔던 것이다.

마을 어른들은 부모에게 효성이 지극하고, 박식하며 선비다운 기개가 높은 전봉준을 전폭적으로 신뢰했다.

"저 사람, 뜻이 큰 사람이야. 눈빛 좀 봐. 큰일 한 번 할 사람이야."

"아무렴. 부모를 극진히 모시는 효성만 보더라도 예사 사람과는 달라. 저런 사람이 관리가 되어야 우리가 살아날 텐데."

서른 살 무렵의 전봉준은 비록 키는 작지만 딱 바라지고 다부진 체격을 지녀서 믿음직스러웠으며, 사람의 마음을 꿰뚫는 듯한 날카롭고 맑은 눈빛은 사람들로 하여금 저절로 존경하는 마음이 우러나게 했다.

그래서인지 가끔씩 마을 어른들이 찾아왔는데, 그럴 때마다 전봉준은 옛 성현들의 좋은 말씀을 들려주곤 했다.

"이보게, 자네는 공부를 많이 하고 이곳저곳 많이 다녀서 보고 들은 게 많을 거 아닌가?"

마을 어른들은 그에게서 세상 돌아가는 일을 듣고자 했다.

"황해도에서 난리가 났다면서?"

전봉준은 빙그레 웃기만 했다. 황해도에서 난 난리란 1880년 황해도 장련에서 일어난 농민 봉기를 뜻했다.

19세기 후반에 들어와 더 이상 기댈 곳이 없는 농민들은 자포자기하는 심정으로 탐학한 관리들에 대한 저항 운동을 벌이기 시작했다. 관서 농민 전쟁(홍경래의 난)을 비롯해서 진주 병사 백낙신의 횡포 때문에 일어난 임술 농민 항쟁(1862년), 이필제의 난, 그리고 1879년 울산의 농민 봉기에다 1880년 황해도 장련의 농민 봉기 등 농민들은 해마다 악질 지주와 탐관오리에 대한 저항의 횃불을 끊임없이 밝혀 들었다. 이래서 부자인 지방의 지주들이나 관리들은 불안에 떨며 밤잠을 편히 이루지 못했다.

"황해도뿐이겠는가, 다른 데 소식은 모르는가?"

"……."

"이래 죽으나 저래 죽으나 죽기는 매일반 아닌가. 우리라고 가만히 있어서야 되겠는가, 자네 생각은 어떤가?"

"……."

전봉준은 빙그레 웃기만 할 뿐 좀처럼 입을 열지 않았다. 그는 조직력이 없는 농민 봉기는 가엾은 농민들의 희생만 늘릴 뿐, 그저 계란으로 바위 치기라는 생각이었다.

민중의 마음을 한데 모아 거역할 수 없는 대세로 이끌어 간 다음, 그 도도한 흐름으로 썩어 빠진 사회 구조를 개혁하여 농민들의 세상으로 만들어야 한다는 것이 그의 생각이었다. 그러자면 아직은 '그때'가 아니었다. 그래서 그는 농민들의 마음을 함부로 동요시키지 않기 위하여 침묵을 지키고 있는 것이었다.

'기다리시오. 탐학과 수탈이 없는 세상, 섬 오랑캐나 서양 오랑캐들이 감히 넘보지 못하는 세상, 씨를 뿌리는 자가 땅을 갖게 되는 그런 세상을 꼭 만들고 말 테니.'

말없이 웃고 있는 전봉준의 눈빛은 이글이글 타오르는 태양보다 더 뜨겁고 강렬했다.

그 무렵, 전봉준의 아내는 고된 일과 영양 부족으로 병에 걸려 눕고 말았다.

"미안하오. 당신에게는 내가 얼굴을 들 수가 없소."

전봉준은 아내의 머리맡에서 죄인처럼 고개를 숙였다. 그는 아내와 자식들을 사랑했다. 좋은 옷, 좋은 음식 그리고 가족들이 기뻐하는 일이나 좋아하는 것이라면 무엇이든 해 주고 싶었고, 갖게 해 주고 싶었다. 그러나 수많은 농민들이 굶주림과 고통으로 신음하고 있는 험한 세상이 그를 한 가정에만 매달려 있도록 하지 않았던 것이다.

전봉준은 자신이 배워 익힌 한방 치료법으로 혼신의 힘을 다해 아내를 치료했다.

'여보, 일어나야 하오. 앞으로 우리가 만들 새 세상, 우리들 농민이 주인인 좋은 세상을 당신도 두 눈 뜨고 지켜보아야 하오. 여보, 일어나시오. 제발!'

생각할수록 미안하고 죄스러운 마음에 가슴이 찢어지는 듯했다. 어려운 집안으로 시집을 온 뒤 한 번도 마음 편한 아내를 본 일이 없었다.

식구들의 아침 걱정, 저녁 걱정으로 늘 수심에 차 있던 가엾은 아내! 사람으로 태어나서 즐거운 한때를 보지도 못한 채, 아내가 지금 사경을 헤매고 있는 것이었다.

전봉준은 이산 저산, 산이란 산은 다 뒤지다시피 다니면서 약초를 구하여 아내에게 달여 먹였다. 그러나 아내는 끝내 일어나지 못했다.

"여보, 죄송해요. 당신이 큰 뜻을 펼치기도 전에 제가 먼저……. 여보, 저승에 가서라도 당신을 도울게요. 부디 우리 같은 힘없는 백성들을 위해 당신이 품은 큰 뜻을 이루세요."

전봉준의 아내는 이렇게 세상을 떠났다.

황토재 아래의 언덕에다 아내를 묻으면서 전봉준은 피가 나도록 입술을 깨물었다. 희망이라고는 털끝만치도 보이지 않는 절망적인 삶인 줄을 뻔히 알면서도 묵묵히 참아 주었던 아내. 이런 아내가 늘 고마웠으나 아직 따뜻한 위로의 말 한 마디 건네지 못했다. 그런데 아내가 먼저 가 버린 것이었다.

'여보, 당신을 이렇게 묻을 수밖에 없는 날 용서하시오. 기다리시오. 당신의 한풀이를 위해서라도 반드시 좋은 세상을 만들고 말겠소.'

전봉준은 사랑하는 아내를 가슴속에다 묻었다.

그 뒤 전봉준은 가끔 어린아이들과 함께 황토재 아래에 있는 아내의 무덤 앞에 나타나곤 했다. 당시는 여자가 남편이나 시부모보다 먼저 죽으면 여자로서의 도리를 다하지 못했다 하여 죽어서도 죄인 취급을 받던 시대. 당연히 무덤조차 돌볼 수가 없었다. 그러나 전봉준은 그런 것을 개의치 않았다. 누가 수군거리든 말든 그는 거리낌없이 아내의 무덤을 찾았으며, 정성을 다해 돌보았다. 그때 이미 그의 마음은 이렇게 남자나 여자를 따지지 않고 사람에 대한 평등 사상으로 열려 있었던 것이다.

전봉준은 아내의 무덤 앞에서 이런 다짐을 하곤 했다.

'크게 되지 않으면, 차라리 멸족되는 것만 못하다.'

크게 되지 않으면.

전봉준은 짐승의 생활과 다를 바 없이 고통 속에 살아가는 농민들을 위한 새로운 세상을 세우는 것을 가장 큰 목표로 삼았으며, 그러지 못할 바에야 차라리 모조리 죽는 것이 낫다고 생각했던 것이다. 농민들에 대한 그의 처절한 애정의 표현이었다.

3. 사람이 하늘

얼어붙었던 산천이 서서히 깨어나기 시작하고, 겨우내 웅크렸던 초목도 힘차게 기지개를 켜는 1893년의 3월 초.

충청도 보은 장내리에는 수많은 사람들의 발걸음이 분주하게 움직이고 있었다. 그들은 소매 없는 푸른 두루마기에다 저고리의 소매 끝을 붉은색으로 장식한 옷차림을 하고 있었다.

"이번에는 절대로 속아 넘어가서는 안 되네."

"암, 그렇고 말고. 공주나 삼례 집회에서 얻은 것이 무엇인가."

"복합 상소로도 얻은 것 없이 흐지부지 해산하고 말았지 않은가."

"썩은 관리들과 오랑캐 놈들을 몰아내겠다는 약속을 받아 내기 전에는 한 치도 물러서서는 안 돼."

그들은 동학 교도들이었다.

동학 교도들은 동학을 사악한 종교로 부르지 말고 포교의 자유를 줄 것, 서양 선교사와 상인들을 나라 밖으로 쫓아낼 것, 탐학 관리들을 제거할 것 등을 요구하면서 충청도 보은과 전라도 원평, 경상도 밀양에서 일제히 일어섰다. 이른바 삼남 집회였다.

동학은 당시 서학이라고 불리던 천주교에 반대하여 창시된 우리 민족의 민중 종교로서, '인내천' 사상이 핵심 교리였다. '사람이 곧 하늘' 이라는 인내천 사상은 지배층과 피지배층의 계급 구별을 없애자는 혁명 사상이자, 하늘 아래 모든 사람은 평등하다는 평등 사상이었다. 관리들이나 지주들에게 짓눌려 천하게 살아오던 농민들이 벌 떼처럼 입교하게 된 것은 당연한 일이었다.

동학은 원래 수운 최제우 선생이 1860년에 봉건 정부의 폭압적인 수탈과 지주들의 강압적인 착취로 인해 희망이라고는 털끝만큼도 없는 민중들을 구제하기 위하여 창시한 종교였다. 교세가 날로 커져 갔으니, 이를 관리들이 가만히 두고 볼 리가 없었다.

'양반만 사람이 아니고 백성도 사람이다. 사람이 곧 하늘이되, 양반만 하늘이 아니다.'

라는 동학의 평등 사상은 봉건 정부나 벼슬아치들에게 자신들에 대한 반역으로 보였던 것이다. 그들은 1864년 3월, 최제우 선생을 사형에 처하고 동학을 믿지 못하게 금지했다.

그러나 최제우가 형장의 이슬로 사라졌다고 해서 동학의 불씨가 꺼진 것은 아니었다. 제2대 교주인 최시형으로 이어지면서, 고통 속에서 희망 없이 살아가는 민중들의 가슴속에 불씨가 되어 마치 마른 들판에 번지는 불길처럼 전국 방방곡곡으로 퍼져 갔던 것이다.

그 가운데서도 동학이 가장 크게 세력을 얻은 지역은 전라도와 충청도, 그리고 경상도의 삼남 지방이었다. 삼남 지방은 우리 나라의 곡식 창고와 같은 지역이었다. 따라서 끊임없이 악랄한 지주들이나 탐학 관리들의 수탈의 대상이 되어 왔다. 비록 곡창 지대였으나 농민들에게는 그만큼 살기 고통스러운 지방이었다. 견디다 못한 농민들이 굶어 죽으나 맞아 죽으나 마찬가지라는 심정으로 괭이나 낫을 들고 민란을 일으키기도 했으나 계란으로 바위 치는 격일 뿐이었다. 신식 무기로 무장한 군대를 맨주먹으로 일어선 농민들이 어찌 당해 낼 수가 있으랴. 농민들은 지역적으로 분산되어 있을 뿐 아니라 조직력이 없어서 민란은 번번이 실패할 수밖에 없었다. 그런 고통스럽고 험한 생활 속에서 접하게 된 동학의 인내천 사상, 이것은 삼남의 농민들에게 오랜 가뭄 끝의 단비와도 같은 복음이었다. 너도나도 앞을 다투어 동학에 입교를 했다. 이렇게 삼남 지역에서 동학이 큰 세력을 얻은 것은 수탈에 따른 고통이 다른 지역에 비해 훨씬 더 심했던 만큼 당연한 결과라고 할 수 있을 것이다.

그 무렵 동학은 제2대 교주 최시형이 대를 이어 교세가 크게 확장되어 있었다. 접주 제도를 통해 조직이 전국적으로 크게 확대되어 있었기 때문에 정부나 지방 관리들이 동학을 함부로 건드릴 수 없는 정도에까지 이르러 있었다.

전봉준이 동학에 입교한 것은 바로 이 시기였다. 민중이 나라의 진정한 주인이 되는 새로운 사회 건설을 꿈꾸던 그에게 동학 입교는 어쩌면 지극히 당연한 일이었는지도 모른다. '사람이 곧 하늘'이라는 인내천 사상은 그가 오래 전부터 꿈꾸어 오던 평등 사상과 맞아떨어졌으며, 전국적으로 뻗어 있는 동학 교도들의 조직력은 서울 진격이라는 꿈을 실현시키기 위해 반드시 필요한 요소였기 때문이었다.

전봉준은 서인주의 부하 황하일의 소개로 1890년에 입교한 뒤, 1892년에는 고부의 접주로 임명되었다. 그리고 삼례 집회, 복합 상소 등을 이끌면서 1893년 3월 삼남 집회의 실질적인 지도자가 된다. 때를 기다리던 전봉준에게 동학은 '물'이었으며, 전봉준은 이제 '물을 만난 물고기'처럼 눈부신 활동을 벌이게 되는 것이다.

1892년 10월과 11월, 동학 교도들은 서인주·서병학 등의 접주가 중심이 되어 억울하게 죽은 제1대 교주 수운 최제우 선생의 누명을 벗기고, 동학 탄압을 중단시키기 위하여 공주 집회와 삼례 집회를 잇따라 열었다. 그러나 이 과정에서 동학 교단 안의 두 세력, 즉 북접과 남접은 분명한 시각의 차이를 드러내기 시작한다. 최시형·손병희 등의 북접 쪽이 수운 선생의 누명을 푸는 것과 포교 활동의 자유를 얻는 것에 초점을 맞추었다면, 전봉준·서인주 등의 남접 쪽은 관리와 지주들의 탐학과 수탈 제거, 그리고 척왜 척양과 보국 안민에 더 관심이 있었던 것이다.

공주와 삼례 두 집회에서 충청·전라 감사에게 각각 수운 선생의 누명을 풀어 주고 탐학 관리들에 대한 조치를 취하겠다는 약속을 받아 낸 뒤에도 지방 관리들과 지주들의 태도는 여전히 변하지 않았다. 그래서 동학 교도들은 한양까지 올라가 궁궐 앞에서 임금께 직접 호소하는 복합 상소를 하기에 이른다. 그러나 복합 상소 역시 큰 성과를 거두지 못한 채 오히려 더 심한 박해를 받게 되고, 이에 분노한 동학 교도들은 마침내 충청도의 보은과 전라도의 원평, 그리고 경상도의 밀양에서 동시에 일어나는 이른바 삼남 집회를 벌이게 되었다.

　보은의 장내리에 모인 사람들의 수는 무려 7, 8만을 헤아렸다. 이들은 대부분이 동학 교도들이었으나 그중에는 중소 농민, 왜놈들 등쌀

에 살길을 잃은 상인들, 떠돌이, 심지어는 정부에 반대하는 지식인들까지 포함되어 있었다. 그들은 한결같이 척양 척왜를 외쳤다. 이제는 교주의 명예 회복 운동의 수준이 아니라 '반외세'라는 정치적 성격을 분명히 보여 주고 있었던 것이다.

그러나 보은 집회는 너무 싱겁게 막을 내리고 만다. 양호 선무사 어윤중을 통해 고종의 뜻이 전달되자 온건파인 북접계의 서병학·최시형·손병희 등은 서둘러 집회를 해산시켰다. 척왜 척양을 외치는 군중들과는 달리 보은 집회를 이끈 지도자들의 뜻은 어디까지나 종교적

인 데 있었던 것이다.

그때 전보로 전달된 국왕 고종의 회유문 요지는 다음과 같았다.

'내 장차 탐학한 수령과 아전들을 엄하게 징치할 것이다. 너희들은 모두 양민이니 각자 집으로 돌아가 자신의 일에 충실하라. 만약 내가 이렇게 선처를 하는데도 흩어지지 않는다면 대처분이 있을 것이고, 다시는 너희들을 용서하지 않을 것이다. 마음을 크게 바로 먹고 나의 뜻에 어긋남이 없도록 하라.'

한편, 보은 집회가 깨어져 가고 있을 때 전라도 금구현 원평에서는 또 다른 집회가 열리고 있었다. 북접이 이끄는 보은 집회와는 달리 현실적인 문제를 앞세워 전봉준 등이 주도하는 집회였다.

원평 집회의 참가자들은 인천으로 곧장 올라갈 것을 선언했다. 이들은 한양으로 진격할 계획이었으며, 보은 집회의 세력이 동참하여 북상하기만 하면 봉건 정부의 심장부에 일격을 가할 참이었다. 그러나 보은 집회가 해산되자 원평 집회의 힘만으로는 큰 위력을 발휘할 수가 없었다. 그리하여 결국 원평 집회도 내부에 이탈자가 늘어나게 됨에 따라 일단 해산하는 쪽으로 방향을 잡지 않을 수 없었다.

밀양 집회 또한 마찬가지였다. 전봉준의 한양 진격 계획에 따라 수만 명의 군중들이 모였으나 보은 집회가 맥없이 해산되자 더 이상의 진전을 보지 못하고 흩어지고 말았다.

보은, 원평, 밀양의 집회가 모두 해산되자 의정부의 건의로 조정에서는 삼남 집회 주모자들에 대한 체포 명령이 떨어졌다. 호서의 서병학, 호남의 김봉집(전봉준은 이때 김봉집이란 이름으로 활동했다.)과 서장옥(서인주) 등이었다. 이런 체포령이 떨어지자 전봉준 등은 잠시 몸을 숨긴 채 다음 계획을 숙의해야만 했다.

정부가 외세의 침략을 막아 내지 못한 채 민씨 일파들에게 질질 끌려가고 있을 때, 농민들은 비록 실패로 끝났지만 삼남 집회를 통해 반외세·반봉건이라는 민중 운동을 향하여 그 무거운 발걸음을 옮겨 가고 있었다. 전봉준은 이러한 활동에서 새 세상을 바라는 농민들의 불꽃 같은 염원이 쉽게 사라지지 않을 것이라는 걸 알았다. 그러나 본격적인 활동을 위해서는 민중들의 힘을 조직력에 의해 한곳으로 모아야 할 필요성을 절실하게 느꼈다. 그래서 전봉준은 손화중, 김개남 등을 자주 만나서 무엇인가를 깊이 의논하곤 했다.

전봉준은, 사람이 곧 하늘이라면 그 하늘의 대부분을 차지하고 있는 농민들을 위하여 싸워야 한다는 생각이었다.

4. 등소로는 아무것도 할 수 없다

　고부는 갑오 농민 전쟁 당시 그 일대의 고을 중에서 가장 번성했던 곳이었다. 동진강을 비롯하여 정읍천, 고부천, 팔왕천, 초강천 등이 줄줄이 흘러 고부평야, 팔왕평야, 이평평야, 백산평야, 초강평야, 수금평야, 화호평야 등을 적시며 기름진 농토를 이루고 있었고, 서해안의 풍부한 해산물까지 얻을 수 있어서 하늘이 내린 땅이라 할 만했다. 그런 만큼 탐학한 관리들이 눈독을 들일 만한 고을임에 틀림없었고, 또 여기서 수탈한 곡식을 일본으로 수출할 수 있는 줄포항까지 갖추고 있었다.
　여기에 탐관오리 3명이 부임하여 왔으니 고부 군수 조병갑, 균전사 김창석, 전운사 조필영이 그들이다. 이들은 부임해 오자마자 갖은 가렴주구를 일삼고 있었는데, 훗날 농민군들이 밝힌 죄상을 미리 살펴보면 다음과 같다.

　1. 아무런 죄도 없는 백성들을 불효, 불목, 간통 따위의 죄를 억지로 뒤집어씌워 재산을 빼앗았다.

2. 묵은 논밭을 일구어 농사를 지으면 3년 동안 세금을 물리지 않겠다고 했던 약속을 어기고 세금을 물려 제 배를 채웠다.
3. 만석보 밑에 필요도 없는 둑을 쌓아 물세 7백 석을 거둬들였다.
4. 고부 북쪽 4개 면은 가뭄 피해가 심하므로 세금을 탕감해 달라고 감영에 요청하여 승인이 났는데도 그 사실을 숨기고 세금을 받아서 가로챘다.
5. 대동미 등의 조세를 농민들에게 거둘 때는 한 결에 상등미 16말 값을 돈으로 받은 다음 정부에 바칠 때는 하등미를 싸게 사서 바치고 그 차액을 가로챘다.
6. 각종 전운미(세금으로 받은 쌀을 한양으로 실어 가는 운반비)를 거둘 때 얼마씩을 더 거두어 가로채고, 서울로 가서 다시 되어 보니 양이 부족하다고 하며 그 부족량을 다시 거두어 가로챘다.
7. 고부에 방곡령을 내려 쌀값이 떨어지자 그의 친척들을 데려다 싼 값에 쌀을 수천 석 사들인 다음, 이듬해 봄 값이 폭등할 때 팔아 넘겨 엄청난 이익을 챙겼다.
8. 옛날 태인 현감을 지냈던 자기 아버지의 비각을 세운다고 백성들에게 돈을 거뒀다.

특히 조병갑은 백성들을 눈 안에 두지도 않고 학정을 일삼았으며, 자기의 욕심을 채우기 위하여 갖은 횡포를 다 부렸다. 고부 농민들의 원성을 한 몸에 받은 것은 말할 필요조차 없다.

조병갑은 원래 조 대비의 사촌 되는 조 아무개 정승의 서자로서, 그의 어머니는 천한 기생이었다. 조병갑은 조 대비의 연줄로 7만 냥을 바치고는 어찌어찌 고부 군수란 벼슬자리를 얻어 부임한 이래, 무식하고 포악한 탐관오리들이 그렇듯 백성들을 편하게 해 주는 일에는 전혀 관심이 없고 오직 어떻게 하면 백성들에게서 재물을 빼앗아 권세와 영화를 누릴까 하는 데만 혈안이 되어 있었다. 그러던 중 조병갑의 어머니가 죽었다. 당시 관리들에게는 부모의 상을 당하면 부모를 잘못 모셨다는 반성의 뜻과 함께 삼년상을 치르기 위해 일단 벼슬을 사임하는 관례가 있었다. 조병갑도 어쩔 수 없이 그래야만 했다. 이때 조병갑에게 빌붙어서 아부를 일삼던 고부 관아의 아전들이 부의금을 모아 바치기로 하고, 모금 목표액을 2천 냥으로 하여 각 마을에 배당했다.

조소마을에서는 향회가 열렸다. 이런 일을 할 때에는 향교의 임원들이 모여 의논을 하고 거기에서 동의를 얻어야 하기 때문이었다.

"당치 않은 소리!"

'주비'라는 직책을 맡아 마을의 공과금 걷는 일을 보고 있던 전창혁은 펄쩍 뛰었다. 향교의 장의인 김성천도 반대를 했다.

"2천 냥이라면 고부 백성들을 다 먹여 살릴 수 있는 막대한 돈이오. 날마다 사람들이 굶어 죽어 가고 있는 이 흉년에 그런 돈이 어디서 난단 말이오."

"그런 큰돈을 일개 기생이 죽었다고 해서 빼앗아 간다면 하늘이 노할 것이오."

"더구나 조병갑은 고부 백성들에게 해만 끼쳤던 해충 같은 사람!"

이런 사실이 조병갑의 귀에 들어가지 않을 리가 없었다.

"이놈들, 두고 보자. 김성천, 전창혁! 내 네놈들을 그냥 두지 않으리라."

조병갑은 억지 죄명으로 전창혁을 잡아 들여 모진 형벌을 가한 끝에 끝내 죽게 하고 말았다.

아버지 전창혁을 땅에 묻으면서 전봉준은 피눈물을 뿌렸다.

'아버지! 이 원통함이 어찌 우리 가족들뿐이겠습니까. 뭇 민중들이 이를 갈고 있습니다. 조금만 더 기다리십시오. 조병갑 같은 탐학 관리들을 뿌리 뽑고, 서양 오랑캐들과 섬 오랑캐들을 물리치고, 그래서 농민들이 이 땅의 주인이 되는 새 세상을 만드는 데 이 한 목숨을 바치겠습니다.

지켜봐 주십시오.

아버지! 저승에

서나마 소자를 도와주시고, 힘을 주십시오.'

전봉준의 피눈물 어린 눈에는 헐벗고 굶주린 농민들의 모습이 아른거렸다. 수심에 가득한 핏기 없는 얼굴, 얼굴들. 그 얼굴들에게 한시바삐 환한 웃음을 찾아 주고 싶었다. 그러면 아버지도 편하게 눈을 감을 것이며, 오래 전에 먼저 죽은 아내도 지하에서나마 춤을 추며 기뻐할 것이었다.

1893년 가을이 되어 추수를 했지만 농민들은 빈털터리나 다름없는 신세였다. 수확의 절반 이상을 지주에게 바쳐야 했고, 이런 명목 저런 명목으로 조병갑에게 모두 빼앗겨 겨울을 넘길 양식은커녕 당장 끼니마저 남아나지 않게 된 것이었다.

"전 접주, 추수한 지가 엊그젠데 벌써부터 우리 아이들은 끼니를 굶고 있소."

농민들은 전봉준에게 몰려왔다.

"뼈 빠지게 농사를 지어 봤자 남는 건 쭉정이밖에 없으니, 도대체 우리는 어떻게 살란 말이오?"

"봉이 김선달이 대동강 물을 팔아먹었다는 말은 들었지만, 군수가 물 팔아먹는단 말은 처음이오. 멀쩡한 보를 두고 새 보를 만든다고 뼈 빠지게 일을 시키더니 물세는 또 무슨 물세란 말이오?"

"어차피 굶어 죽을 판인데, 모두 가서 물세라도 돌려 달라고 등소(여러 사람이 이름을 잇대어 써서 관청에 올려 하소연하는 일)를 해

봅시다."

농민들의 분노는 더 이상 참을 수 없는 지경에 이르렀다.

"그렇소. 지렁이도 밟으면 꿈틀한다는데 어차피 굶어 죽을 목숨, 가서 꿈틀이라도 해 보고나 죽읍시다."

농민들의 분노 섞인 소리들을 들으며 전봉준은 눈을 지그시 감았다. 등소로는 아무런 소용이 없다는 것을 그는 이미 알고 있었다. 그러나 이것을 결정적으로 이용할 필요가 있었다.

'등소로는 아무것도 할 수 없다!'

이것을 고부 농민들에게 체험을 통해 깨닫게 하는 것이었다. 등소가 실패하면 농민들은 새로운 방법이 필요함을 느끼게 될 것이고, 이런 깨달음으로 힘이 한곳으로 모이게 되면 그만큼 막강한 조직력을 발휘하게 될 것이라는 게 전봉준의 생각이었다.

"의견이 정 그렇다면 등소라도 올려 보지요."

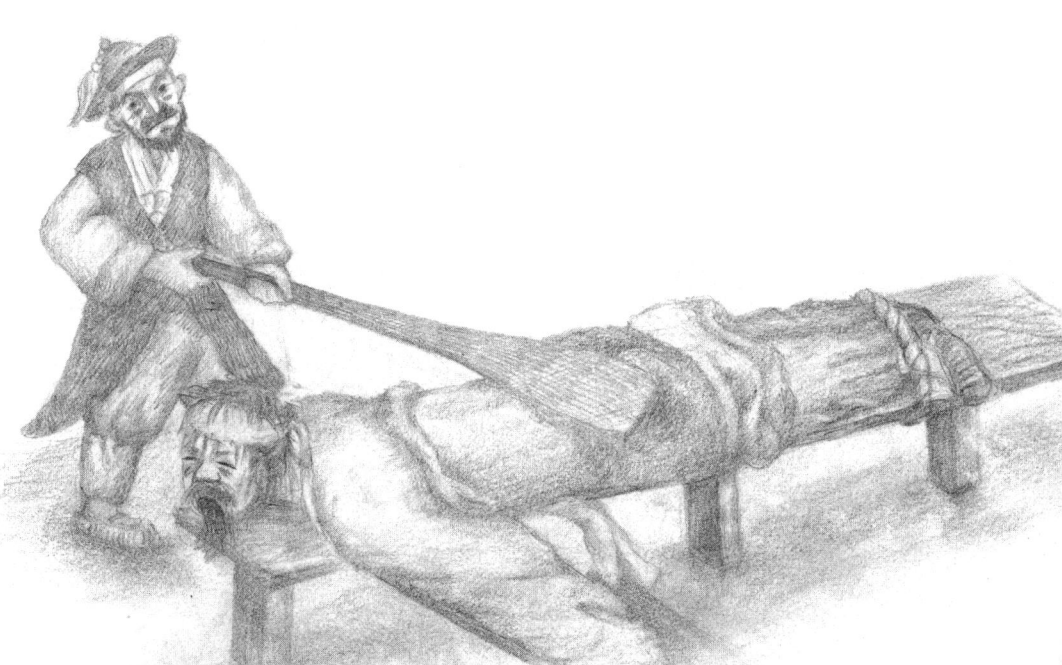

　전봉준은 조병갑의 부정 사례를 조목조목 적은 민장을 작성해 주었다.

　1893년 11월, 고부 군민 40여 명이 고부 관아로 몰려가 조병갑에게 불법과 탐학을 시정해 줄 것을 요구하며 등소를 하였으나, 결과는 전봉준이 예상한 그대로였다. 시정은커녕 애꿎은 군민들만 매를 맞고 붙잡혀 들어갔다. 그해 12월의 등소 역시 마찬가지였다. 60여 명이 몰려가 등소를 했으나 아무런 소용이 없었다. 군민들은 합법적인 방법인 등소로는 아무것도 할 수 없으며, 도리어 잡혀 들어가 호된 곤욕을 치르게 된다는 현실을 똑똑히 체험했다.

 등소가 실패로 돌아가자 조병갑에 대한 농민들의 원성과 원한은 더욱 높아만 갔다. 농민들 사이에는,

 '이대로는 살 수 없다.'

 '무언가 일어나야 한다.'

라는 생각이 눈빛을 통해 암암리에 오가고 있었다. 그리고 전봉준은 이런 농민들의 마음을 읽으면서 자신이 벼르고 별러 오던 '그때'가 드디어 눈앞에 다가왔음을 느꼈다.

5. 일어서는 것만이

　전봉준은 믿을 수 있는 동지들을 고부군 서부면 죽산리에 있는 송두호의 집으로 모이게 했다. 이들은 봉기의 필요성과 거기에 따른 대책을 토론하고, 앞으로 풀어 가야 할 과제들을 설정했다. 그리고 사발 통문을 작성하여 고부군 내의 이장들과 집강들 앞으로 띄워 보냈다.
　'사발 통문'이란 주모자가 누구인지 드러나지 않도록 사발 모양으로 뼁 돌아가며 이름을 적으면서 중요한 일을 연락하는 일종의 비밀 문서이다. 전봉준 등이 오랜 검토 끝에 작성한 이 사발 통문 안에는,

　날마다 난리라도 일어나기를 바라던 민중들은 곳곳에 모여서 말하기를 '났네, 났네. 난리가 났어! 에이, 참 잘되었지. 그냥 이대로 지내서야 백성이 한 사람이나 어디 남아 있겠나.' 하며 때가 오기만 기다리더라.

라는 격문과 함께

'군민들이 이제는 더 이상 살아남을 수 없게 되었으니,

1. 고부성을 격파하여 군수 조병갑의 목을 베고,
2. 군기창과 화약고를 점령하며,
3. 군수에게 빌붙어 인민을 괴롭힌 아전들을 벌주고,
4. 전주성을 함락하고 곧바로 서울로 진격하자.'

라는 네 가지의 결의 사항이 담겨 있었다. 이 격문은 사람들의 입에서 입으로 전해져 고부의 19개 면민 모두에게 알려졌다. 농민들은 기다리던 것이 이제야 왔다는 표정이었다. 그들은 한결같이 '그때'가 오기를 바라고 있었던 것이다.

전봉준은 송두호의 집을 임시 대책 본부로 정하고, 사발 통문에서 밝힌 네 가지의 결의 사항을 실현하기 위해 여러 가지 준비를 시작했다. 은밀히 조총과 화약을 모아들이는 한편, 농민 봉기를 이끌어 갈 지도자와 간부들을 결정했다.

이제 남은 것은 일을 치를 날짜를 잡는 것이었다.

전봉준은 봉기 날짜를 잡기 위해 동지들과 함께 그 동안 수집된 고부 군내의 사정과 바깥 동정을 면밀히 검토했다.

"금년은 넘기지 않는 것이 좋겠습니다."

"까닭은?"

"조병갑에 대한 민중들의 분노는 지금 극에 달아 있고, 모두 때를 기다리고 있습니다."

"다른 지방에서도 농민들이 벌떼처럼 일어나고 있다는 소식입니다."

"농사철이 되면 농군들의 마음이 흐트러질지도 모릅니다. 농한기에 거사 날짜를 잡아야 합니다."

전봉준은 비밀이 먼저 밖으로 새어 나가는 것을 막기 위하여 철저하게 보안을 유지했다. 모임은 주로 밤에 가졌으며, 뿔뿔이 흩어져서 한 사람씩 몰래 방으로 들어가게 했다. 그리고 그 집주인 외에는 아무도 회의가 열리고 있는 방 근처에 얼씬거리지 못하게 지켰다. 또 부인들이 밥을 내올 때에도 안에서 산가지를 밖으로 내놓으면 그 숫자대로 밥그릇을 담아 내도록 했다. 이렇게 전봉준은 주도면밀하게 일을 진행시켜 가고 있었던 것이다.

그런데 일이 이렇게 착착 진행되고 있는 가운데 고부 군수 조병갑이 11월 30일에 익산 군수로 전임 발령이 났다.

"이럴 수가. 다 된 밥에 재라더니."

동지들은 허탈해했다. 그러나 전봉준의 목표는 한낱 지방 관아인 고부가 아니라 한양을 공격하는 것이었다. 지방 관아는 어디까지나 곁가지요 실뿌리일 뿐, 원줄기 원뿌리는 중앙 정부였다. 서울을 손아귀에 넣어야만 지방 관리들을 개선시킬 수 있고, 다른 나라 세력을 이 땅에서 몰아낼 수 있다는 것이 전봉준의 변함없는 신념이었다.

'서울로 가려면 손화중과 손을 잡아야 한다.'

손화중은 당시 세력이 가장 컸고, 인기도 높았다. 한양 공격을 위해서는 손화중의 힘과 도움이 반드시 필요했다.

'손화중을 만나자. 손 동지는 반드시 내 뜻에 동조할 것이다.'

전봉준은 동지들에게 각자 집에서 때를 기다리도록 지시한 다음, 부랴부랴 길을 떠났다.

아침부터 눈발이 날리고 있었다. 처음에는 한 잎 두 잎, 마치 봄바람에 떨어지는 벚꽃잎처럼 그렇게 시작하더니, 해질 무렵이 되자 하늘을 가릴 듯한 함박눈으로 변했다.

이 함박눈 속에 한 사나이의 모습이 나타났다. 5척이나 될까? 자그마한 키에 딱 바라진 체격을 한 그는 눈빛이 유난히 맑고 날카로웠다.

무장현 괴치리 사천마을의 한 조그만 오두막집에서 그는 걸음을 멈추었다. 초가지붕이 그새 쌓인 눈을 무겁게 이고 있었다.

"손 동지, 계시는가?"

사나이가 부르자 안에서 한 남자가 버선발로 뛰어나왔다.

"아니, 이게 누구신가. 전 접주 아닌가."

사나이는 바로 전봉준이었고, 버선발로 뛰어나온 사람은 손화중이었다. 손화중은 그 당시 전라도 일대에서 가장 명성이 높은 동학 접주였고, 세력 또한 컸다. 그리고 전봉준과는 마음을 열어 놓는 친구이기도 했다.

저녁 식사를 마친 두 사람은 곧장 시국 토론에 들어갔다.

"지금 서양 오랑캐들이 조선을 침략하여 위로는 나라 정치를 어지럽히고, 아래로는 민중의 생활을 파탄 속으로 몰아넣고 있음은 삼척동자도 다 아는 일이네."
전봉준의 목소리는 뜨거웠다.
"그런 데다 섬 오랑캐 놈들은 조선을 삼키려는 야심으로 물불을 가리지 않고 있고, 지주들이나 중앙 관리, 지방 관리 할 것 없이 악랄

한 수탈에 혈안이 되어 있으니, 조선 민중이 살길은 무엇인가?"
"일어나는 수밖에."
"그렇네. 손 동지! 우리가 일어나서 서양 오랑캐와 섬 오랑캐들을 쫓아내고, 민씨 집단을 몰아내는 길뿐이네."
"그렇지만 언제, 어떻게 일어나느냐가 문제 아닌가."
"지금 정부는 힘이 없네. 장안과 지방에서 화적 떼가 벌 떼같이 일어나도 그것을 진압할 군사조차 없지 않은가. 민중들은 지금 그때가 오기만을 기다리고 있네."

"그렇지만 전 동지, 신중히 움직여야 하네. 조선 민중들의 삶이 부서진 것은 지주 놈들의 착취와 썩은 관리들의 횡포에 의한 것이잖은가. 게다가 개항 이후 양적과 왜놈들의 침략으로 우리 삶이 더더욱 무너진 것이 사실이지만 그것은 어제오늘의 일이 아니지 않은가. 또 양적과 왜적들이 그것을 빌미 삼아 무슨 수작을 부릴지 모르는 일이고."

손화중은 전봉준의 뜻에 찬동은 하되 어디까지나 신중론자였다.

"돌아가는 형세가 그렇고, 조선 민중 모두가 일어서는 것을 바라고 있으니 지금이 바로 그때가 아닌가. 중앙의 관료들이나 오랑캐들도 그것을 막을 수 없을 것이네. 어찌 이런 시대적 요청을 외면할 수 있겠는가. 무언가를 기다리는 농민들의 저 한 맺힌 소리가 들리지 않는가. 손 동지! 일어서는 것만이 안팎으로 도탄에 빠진 이 나라를 건질 수 있는 길이네. 조선 민중들이 마음 놓고 살 수 있는 새 세상을 만들어 보세."

전봉준의 목소리는 떨리고 있었다. 눈에서 사람을 찌를 듯한 날카로운 빛이 쉼 없이 쏟아져 나오고 있었다.

"내가 동학에 입도한 것도 사실은 그런 세상을 만들기 위함 아닌가. 나 손화중, 그날이 오기를 자나깨나 기다려 왔네."

"전라 우도는 손 동지만 믿겠네. 나는 김개남 동지, 김덕명 동지, 최경선 동지와 마지막 상의를 하러 떠나겠네."

전봉준은 아직도 눈발이 휘날리고 있는 첫새벽에 손화중의 집을 떠났다.

'서울로 가는 거다!'

그는 가슴이 벅차올랐다. 손화중과 손을 잡은 것이 천군만마를 얻은 것처럼 든든했다.

한편, 고부군에는 조병갑의 전임 발령 이후 6명의 새 인물이 군수로 발령 났으나 아무도 부임해 오지 않았다. 그리고 조병갑은 익산 군수로 발령이 난 뒤에도 계속 고부 관아에 남아서 고부 군수 재취임 공작을 벌이고 있었다. 고부 땅은 그에게는 달걀의 노른자와 같은 곳이었던 것이다.

조병갑은 전라 감사 김문현에게 뇌물을 먹이며 유임 운동을 벌였다. 김문현 역시 돈이라면 자다가도 벌떡 일어나는 사람인지라 조병갑의 제의를 마다할 리가 없었다. 조병갑은 김문현을 돈으로 구워삶는 한편 조정의 예조판서 민영준에게 막대한 뇌물을 바쳤다. 민영준은 민씨 일파로서 조정을 좌지우지하고 있는 간신 중의 간신, 그가 나서면 안 되는 일이 없었다.

조병갑은 40여 일 동안의 유임 운동이 성공하여 1894년 1월 9일자로 다시 고부 군수 자리에 앉게 되었다.

이런 소문을 들은 고부의 군민들은 치를 떨었다. 조병갑이 다시 군수로 부임해 온다면 또다시 지난날의 불법과 탐학이 계속될 것임은 불을 보듯 뻔한 일이었다. 군민들은 1894년 1월 초에 전주 감영으로 달려가 조병갑 재부임의 부당성을 부르짖으며 등소를 하였으나, 난민으로 몰려 쫓겨나고 말았다. 애당초 관리들에게는 백성들의 고통이나 호소 따위가 눈에 들어오지도 않았던 것이다.

  조병갑의 고부 군수 재부임, 이것은 갑오년(1894년) 벽두부터 농민들을 불안과 울분에 떨게 하는 우울한 소식이었다.

  그러나 전봉준에게는 기다리고 기다리던 바로 '그때'였다.

  전봉준은 동지들과 함께 거사 날짜를 정월 초열흘로 잡았다. 그날은 조병갑이 부임을 하는 그 다음 날이었다.

6. 고부에서 타오르다

풍물패들이 이 마을 저 마을을 돌고 있었다. 상쇠와 함께 꽹과리를 치는 쇠잡이들이 앞장을 서고, 그 다음에 징잡이, 그 뒤에 장구잡이, 북잡이, 버꾸잡이 들이 한패를 이루어 신명 나는 가락을 쏟아 놓으며 흥겹게 길을 누비고 있었다. 그리고 풍물패 뒤에는 남녀노소가 뒤섞인 수많은 사람들이 삼삼오오 떼를 지어 따르고 있었다.

"조병갑이 이놈! 무얼 또 빼앗아 먹겠다고 고부 군수로 다시 오누?"

"제 무덤을 제 스스로 찾아온 게지. 오늘이 제놈 제삿날이라는 것을 알고나 있을까?"

"그놈 목을 매달아서 어찌 죽나 두 눈 뜨고 똑똑히 보아야만 맺힌 한이 풀리겠네."

사람들은 귀엣말로 수군거렸다. 그들의 야윈 얼굴은 하나같이 모처럼의 희망과, 또 어찌될지 모르는 불안감으로 긴장되어 있었다.

"성공할 수 있을까요?"

"아무렴! 전 접주 그분, 어디 보통 분이신가."

농민들은 전봉준에 대한 전폭적인 신뢰를 보내고 있었다.

'깨갱갱깽깽 깨갱갱깽깽.'

어느 마을 앞에 이르자 상쇠의 꽹과리 소리가 더욱 신명나게 자지러졌다. 그러자 그쪽 마을에서도 '농자천하지대본'이라고 쓰인 농기를 앞세우고 한 무리 풍물패가 나타났다. 그들 뒤에도 역시 하얀 머릿수건을 두른 수많은 농민들이 따르고 있었다.

이 마을 저 마을을 지날 때마다 풍물패와 모여드는 사람들의 숫자는 자꾸만 불어났다. 그들이 속속 모여드는 곳은 만석보 남쪽의 말목장터였다. 여기 모인 군중들의 수는 이제 줄잡아 천여 명을 헤아릴 지경이었다.

갑오년(1894년) 정월 초열흘.

제법 배가 부른 상현달이 하얀빛을 내려 주면서 말목장터에 모인 천여 명 군중을 내려다보고 있었다.

저 악독한 조병갑의 학정과 탐학에 신음하면서 모질게 목숨을 이어 온 농민들. 끼니 거르기를 밥 먹듯이 하는 궁핍한 생활 속에서도 호박풀떼죽이라도 쑤면 울타리 너머로 이웃집부터 돌리곤 하는 착한 그들이었다. 비록 배운 것은 없지만 무엇이 옳고 그른지는 알고 있었기에, 그들은 이제 더 이상 그대로 두고 볼 수가 없었다. 그래서 마침내 일어선 것이었다.

햇불이 밝혀졌다.

화승총으로 무장한 사나이들이 군중들 사이로 길을 내 주자 드디어 전봉준이 모습을 드러냈다.

"여기 모이신 여러분들, 왜 모이셨습니까?"

전봉준이 횃불에 반사되어 빛이 번쩍번쩍 쏘아 나오는 눈으로 군중들을 빙 둘러보며 입을 떼었다. 작은 체구 어디에 그런 우렁찬 목소리가 들어 있었을까. 갑자기 장내가 물을 끼얹은 듯이 조용해졌다.

"왜 모이셨습니까?"

전봉준이 다시 묻자 여기저기서 고함 소리가 터져 나왔다.

"조병갑이를 찢어 죽이려고 왔소!"

"악질 이방 놈, 아전 놈들도 모조리 목을 칩시다."

"비명에 가신 내 아버지, 어머니의 원수를 갚아야겠소."

전봉준이 다시 입을 열었다.

"귀신은 풍물을 쳐서 잡도리를 하면 물러나 가지만, 죄 없는 생사람을 잡아다가 별의별 죄목을 다 붙여서 살이 터지게 곤장을 치고, 다리뼈가 부러지도록 주리를 틀고, 그래서 선량한 농민들의 피를 빠는 악귀 중의 악귀가 지금 저 읍내 관아에 시퍼렇게 살아 있습니다. 여러분, 그 악귀가 누굽니까?"

군중들은 맺힌 한이 그러하듯 발악하는 것처럼 악을 쓰며 풍물이 부서져라 두들겼다.

"조병갑이오!"

"그놈을 때려죽입시다!"

전봉준은 가만히 손을 들어 소란을 가라앉혔다.

"그렇습니다. 조병갑입니다. 그러나 여러분, 저 악귀 같은 조병갑이가 고부 땅 한 곳에만 있는 줄 아십니까? 이리 가도 조병갑, 저리 가도 조병갑, 지금 조선 팔도에는 조병갑 같은 탐학 관리들로 가득 차 있어서 피를 빨리는 농민들의 신음 소리가 하늘을 찌를 듯이 높아지고 있습니다. 거기에다 개항 이후 외국 상인들의 행패로 우리들 삶이 땅에 떨어졌는데도 중앙의 벼슬아치들은 모두 자기 잇속 차리기에만 혈안이 되어 있습니다."

전봉준의 목소리는 피를 토하는 듯했다. 그 힘에 눌려 군중들은 숨을 죽였고, 여태 배들평야를 할퀴어 대던 겨울 바람마저도 잠잠해졌다.

"그런데 조병갑이가 다시 고부 땅에 부임해 와서 어제의 행패를 또 부리려고 합니다. 우리는 그 동안 참고, 참고, 또 참아 왔습니다. 그런데 참아 온 결과가 오늘날 무엇입니까? 이 기회를 놓치면 우리는 영원히 후회하게 됩니다. 우리의 살길은 영원히 열리지 않게 됩니다. 우리는, 저 탐관 오리들과 서양 오랑캐, 섬 오랑캐들을 물리치고 땅 갈아 씨 뿌리는 사람이 땅의 주인이 되는 세상, 우리 농민들이 마음 놓고 살 수 있는 그런 세상을 만들어야 합니다. 그것은, 그것은 바로 여러분의

손에 달려 있습니다. 자, 우리, 날이 밝기 전에 고부 관아로 쳐들어 갑시다."

전봉준의 연설은 뜨겁고 명쾌했다.

"갑시다! 가서 조병갑이를 쳐 죽입시다."

"가자! 조병갑이를 죽이자!"

전봉준의 연설이 끝나자마자 분노한 군중들의 함성이 말목장터를 뜨겁게 달구어 놓았다.

"좋습니다. 갑시다. 가서 조병갑이를 잡아 읍내 삼거리에다 목을 달아맵시다. 그러나 여러분! 질서 없이 함부로 움직여서는 안 됩니다."

전봉준은 성난 군중들이 함부로 날뛰는 것을 원하지 않았다. 만약 그렇다면 다른 지방에서도 흔히 일어났던 민란과 전혀 다를 바가 없을 터였다. 잠시 반짝했다가 꺼져 버리는 불꽃이어서는 아무런 소용이 없었다. 뚜렷한 목표가 필요했고, 그러기 위해서는 조직력이 필요했다.

"노인들과 어린아이들, 그리고 아녀자들은 집으로 돌아가십시오. 들고 있는 풍물은 노인들과 아녀자들에게 맡기세요."

전봉준은 행동을 같이하겠다고 떼를 쓰는 노인네들과 아녀자들을 설득시켜 집으로 돌려보냈다. 그리고 군중들을 마을 별로 줄을 서게 한 다음, 미리 정해 놓은 지도자들의 지휘를 받도록 했다.

"패를 둘로 나누어서 공격합니다."

전봉준은 농민군을 두 패로 나누었다. 그것은 고부 관아로 향하는 길이 천치재를 넘어가는 길과 영원 운학동을 거쳐 가는 길의 두 갈래이기 때문만은 아니었다. 만에 하나 어떤 사태가 벌어지더라도 한쪽 부대만은 살려야 한다는 전략이었다.

전봉준은 태인 주산리 최경선의 집에 모인 청장년 삼백 명을 주력 부대로 이끌고 영원 쪽을 택하여 진격했다.

예동 김 진사 집을 지나면서 그곳에 미리 준비해 두었던 칼과 창을 농민군들에게 나누어 주었다. 김 진사도 그 동안 조병갑에게 숱하게 고통을 당해 온 터라, 비록 양반이지만 이미 농민군의 편이 되어 있었던 것이다. 무기가 없는 사람들은 김 진사의 대나무 밭에서 죽창을 깎아 무장했다.

전봉준은 영원면 운학동의 마을 뒷산에서 잠시 농민군을 멈추게 했다. 관아의 동정을 살폈으나 아무런 낌새가 보이지 않았다. 이런 엄청난 일이 벌어지고 있는 줄을 꿈에도 모르고 있는 것이 분명했다.

그러는 동안 다른 부대들이 속속 도착했다. 이제 모여든 농민군의 수는 천여 명에 이르렀다. 모두들 머리에 흰 수건을 질끈 동여매고 있었으며, 손에 죽창이나 몽둥이, 괭이나 낫 등의 농기구를 들고 있어서 서슬이 시퍼랬다.

"앞으로!"

드디어 전봉준의 입에서 공격 명령이 떨어졌다.

"가자! 공격이다!"

"조병갑을 때려잡자!"

농민군들의 뜨거운 함성이 갑오년 정월 11일의 차디찬 새벽 공기를 갈가리 찢어 놓고 있었다.

얼마나 서럽고 원통하게 살아온 날들인가. 뜯기고 빼앗기고 억울한 매에 억울한 옥살이. 그러면서 남몰래 가슴을 치며 피를 토하듯, 통곡을 하듯 살아온 나날들. 관리들이나 지주들의 창고에서 쌀과 고기가 썩어 나는 것을 지켜보면서도 배고파 우는 아이들을 매로 달래야만 했던 피눈물 나는 세월들.

아무리 원통하고 억울해도 하소연할 곳 하나 없는 그들이었다. 그저 짓눌리고 억눌리면서 잡초처럼 허덕허덕 모진 목숨을 이어 가야만 했던 그들이었다. 이 한 맺힌 세월에 대한 농민들의 원한이 그러하듯, 이날 고부의 새벽바람은 차고 매서웠다.

농민군은 단숨에 고부읍의 세 성을 부수고 쳐들어가 고부 관아를 포위했다. 대항하는 군졸은 한 명도 없었다.

"어떻게 된 일이지?"

"그 포악하던 군졸 놈들이 왜 코빼기도 보이질 않지?"

너무나 싱거운 싸움이어서 농민군들은 오히려 어이없어 했다.

고부 관아는 싱거울 정도로 손쉽게 농민군의 손에 들어왔다. 그러나 농민군은 모두들 허탈해했다. 미리 정보를 입수한 조병갑이 밤새 도망을 쳐 버린 것이었다. 아전들이나 군졸들도 마찬가지였다. 농민군의 엄청난 기세에 놀란 그들은 '걸음아 나 살려라' 뺑소니를 놓고

만 뒤였다.

"허, 내 살아 생전 맺힌 한을 푸는가 했더니."

어떤 농민이 땅에 털썩 주저앉으며 안타까워했다. 죽창으로 조병갑의 빈 이부자리를 푹푹 찌르는 사람이 있는가 하면, 입술을 깨물며 주먹으로 눈물을 씻는 사람도 있었다.

전봉준은 농민군의 사기가 떨어질까 봐 걱정이 되었다. 그는 동헌 마루 위로 성큼성큼 올라갔다.

"여러분! 비록 조병갑이를 놓쳤지만 우리는 이겼습니다. 고부 땅의 모든 행정은 이제 우리 손으로 해결합니다."

전봉준의 우렁찬 목소리가 울려 퍼지자 금세 소란이 진정되었다.

"조병갑은 다시 잡으면 됩니다. 실망을 할 필요가 없습니다. 그보다는 먼저 우리가 해야 할 일이 있습니다. 자, 감옥을 열고 죄 없이 갇힌 농민들을 풀어 줍시다."

전봉준의 지시가 떨어지자마자 농민군은 감옥을 열었다. 세금을 내지 못해 억울한 옥살이를 하고 있던 농민들은 꿈인지 생시인지 몰라 하며 기뻐했다. 그들은 '나도, 나도' 하면서 다투듯 농민군에 합류했다.

전봉준은 감옥을 열어 죄 없는 농민들을 석방한 다음 무기고를 부수었다. 그리고 그곳에 있는 무기로 농민군을 더욱 튼튼하게 무장시켰다. 죽창이 아닌 창칼이나 총기, 그것은 쌀보다도 밥보다도 소중했다. 앞으로 서울 진격을 위해서는 관군과 불가피하게 맞부딪쳐야 하는데, 이런 무기야말로 싸움을 승리로 이끄는 데 가장 커다란 역할을 할 것이기 때문이었다.

전봉준은 이어서 또 지시를 내렸다.

"창고를 열고 곡식을 꺼내시오. 조병갑이 불법으로 빼앗아 모은 쌀

을 모두 농민들에게 되돌려 주고, 끼니를 굶는 농민들에게도 쌀을 나눠 주시오."

"아직 우리 농민들의 피눈물이 채 마르지 않은 만석보 아래의 신보를 무너뜨려 버리시오."

"조병갑에게 빌붙어서 농민들의 피를 빨던 기생충 같은 아전들을 모조리 잡아들이시오."

전봉준의 지시가 잇따라 내려질 때마다 농민군들은 춤이라도 출 것처럼 기뻐하며 통쾌해했다. 억눌려 지내는 것을 자신의 운명으로 알고 체념 속에 살아오던 그들에게 이런 신바람 나는 날이 있을 줄은 꿈에도 몰랐던 것이다.

사기가 오를 대로 오르자 전봉준은 관군의 반격에 대비하여 농민군을 재편성했다. 화승총·쇠창·활·죽창 등으로 무장을 갖추어 고부읍 안팎 여러 곳에 군영을 설치하고, 농민군 일부를 백산으로 보내 성을 쌓게 했다.

이러는 동안 전봉준이 무엇보다 중요하게 여긴 것은 군율이었다. 농민군들은 비록 숫자는 많지만 정식으로 훈련을 받지 못한 군사 아닌 군사들이었다. 지금은 비록 오래오래 쌓였던 원과 한으로 마음이 한데 뭉쳐 있고, 악귀 같은 탐학 관리 조병갑의 관아를 무찌른 통쾌함으로 사기가 하늘을 찌를 듯하지만, 일단 문제가 생겨 사기가 꺾이는 날이면 추풍낙엽처럼 흩어지고 말 오합지졸이라는 것을 전봉준은 잘 알고 있었다. 그래서 농민군의 마음을 한데 묶고, 그것을 오래 지속시킬 수 있는 그 무엇이 필요했다.

　농민군을 관군보다 더 강하게 할 수 있는 그 무엇, 전봉준은 그것을 지도자의 지도력과 더불어 엄격한 군율이라고 생각했다.

　농민군은 전봉준의 지휘를 받들어 고부읍 곳곳에 군영을 설치하고, 그곳에 장막을 쳐 밤이면 모닥불을 피워 가면서 고부읍을 지켰다. 낯설고 서투른 생활이었지만 한 사람도 개인 행동을 하거나 불평을 하지 않았다. 그것은 전봉준의 탁월한 지도력과 엄격한 군율 때문이었으리라.

　농민군이 이렇게 합심일체가 되어 고부읍을 지키고 있는 동안, 인근 마을의 농민들이 수도 없이 고부읍으로 모여들기 시작했다. 모두 농민군이 되기를 자원하는 사람들이었다. 그들의 눈에 비친 고부읍은 그야말로 꿈에서나 그리던 새로운 세상이었으며, 신분의 차이나 계급의 차이에서 완전히 해방된 새로운 나라였던 것이다.

　고부읍으로 모여드는 농민들 사이에는 이런 노래가 퍼지고 있었다.

가 보세 가 보세,
을미적 을미적,
병신 되면 못 가 보리.

　이 노래는, 겉으로는 '머뭇거리지 말고 늦기 전에 서둘러서 고부읍으로 가 보자.'라는 뜻이 들어 있는 것처럼 보인다. 그러나 속에 든 깊은 뜻은 이렇다.

갑오년(1894년) 정월에 일어난 고부 농민 봉기에 적극 동참하세. 이 농민 운동을 을미년(1895년)까지 을미적거리다가, 병신년(1896년)까지 가게 되면 실패하고 마니 아예 갑오년에 끝장을 내세.

이처럼 농민들은 새로운 세상에 대한 뜨거운 열망으로 너나할것없이 고부의 농민 봉기에 뜻을 같이하고 있었던 것이다.
전봉준은 구름처럼 모여드는 농민들 가운데서 노약자나 나이 어린 사람들을 타일러서 돌려보내고, 힘센 장정들만 골라 농민군에 편성시켰다. 그리고 각 마을마다 책임자를 다섯 명씩 뽑아 이들을 통솔케 했다.
1월 17일.
그 동안 농민들을 괴롭히던 자들을 잡아다 벌을 주고, 고부 관아의 엉터리 행정을 바로잡은 전봉준은 주력 부대를 이끌고 진을 말목장터로 옮겼다. 대세를 관망하면서 새로운 전투 준비를 하기 위해서였다.

7. 서면 백난 앉으면 죽난

"장군!"

얼굴이 여자처럼 하얗고 곱상한 사나이 한 명이 전봉준의 군영 안으로 뛰어들었다.

"웬일인가, 이 동지?"

그는 전라 감영이 어떻게 나올지 동정을 살피기 위하여 전주로 보냈던 정보원이었다.

"조병갑이 감영에 나타났습니다."

"나타나서?"

전봉준은 애당초 조병갑 따위의 생사에 관심이 없었다. 그의 관심은 오직 전라 감사 김문현이 어떻게 나오느냐였고, 또 어떻게 하면 군사를 더 많이 모아 서울로 진격하느냐였다.

"군사 천 명을 달라고 했습니다."

"김문현은?"

"주지 않았습니다."

"그럴 테지. 중앙에 보고는?"

"아직 하지 않고 있습니다. 그보다 급한 것은, 감사가 기습군을 출동시켰습니다."

"기습군?"

"군위 정석진이 군졸 50명을 데리고 전주를 떠났습니다."

"목적은?"

"우리 편의 병력이나 무기, 경계 태세를 정탐하고, 기회를 봐서 장군들을 암살하기 위해서입니다."

장군들이란 전봉준과 그를 보좌하는 김도삼·정일서 등의 지도자를 뜻했다.

"예상했던 터. 수고했네, 이 동지."

전봉준은 빙그레 웃으며 자기보다 키가 훨씬 더 큰 이 동지의 어깨를 툭 쳤다. 미리 알고 있는 기습을 물리치기는 손바닥 뒤집기와 마찬가지였다. 문제는 그것을 어떻게 이용하느냐였다.

정석진이 말목장터에 나타난 것은 농민군이 진을 거기로 옮긴 지 열흘째 되는 날이었다. 그날은 말목 장날이었다.

농민군의 진영을 살펴본 정석진은 50명의 군사로는 정면 대결이 어렵다는 것을 알았다. 그는 부하들을 담배 장수로 변장을 시켜서 정탐을 하는 한편, 일부를 농민군 틈에 섞여 들게 했다. 기회를 보아 전봉준 등의 농민군 지도자를 암살하고 달아날 계획이었다. 지도자가 죽어 없어지면 농민군이 저절로 흩어질 것이라는 게 그의 생각이었고,

또한 전라 감사 김문현의 생각이기도 했던 것이다.

'설마 감사의 사자로 왔다는데 어쩌지는 못하겠지? 그러다가 기회가 오면?'

정석진은 배짱 좋게 부하 몇명을 이끌고 농민군의 도소를 찾아갔다.

"감영 군위 정석진이오."

"어서 오시오. 오신 뜻은?"

전봉준의 날카로운 눈빛을 받은 정석진은 등골이 오싹해졌다. 체구는 조그맣지만 그에게서 서리서리 뻗쳐 나오고 있는 어떤 힘이 오금을 저리게 했다. 그러나 올 데까지 온 터, 정석진은 감사의 사자라는 자신의 신분을 믿고 용기를 냈다.

"난을 일으킨 것은 국가를 배신한 반역이오. 국법을 어기면 어떻게 된다는 걸 모르시오?"

"국법을 먼저 어긴 건 누구인데. 조병갑의 죄상을 적어 놓은 문서를 보겠소?"

"그건 내 소관이 아니오. 난민들을 해산하라는 감사의 명령입니다. 아직 이 일을 조정에 알리지 않았으니, 지금 해산을 하면 조정에 알리지 않고 선처하시겠답니다."

"해산? 선처?"

전봉준은 껄껄걸 웃음을 터뜨렸다.

"가서 이렇게 전하시오. 먼저 조병갑의 모가지부터 자르고, 각 고을 수령들에게 백성들 피 빠는 일을 당장 중단하라는 영을 내리라 하시오. 저 못된 탐학 관리들이 남아 있는 한 우리는 결코 해산하지 않을 것이오."

정석진이 전봉준 앞에서 식은땀을 흘리며 쩔쩔매고 있는 동안 농민군은 수상한 사람들을 검문하고 있었다. 담배 장수로 변장한 감영군들은 정체가 탄로나자 무기를 뽑아 들었다.

"첩자다!"

"기습군이다. 잡아라!"

농민군과 감영의 기습군 사이에 싸움이 벌어졌다. 그러나 기습군은 수적으로 열세였고, 완전히 포위되어 사기가 크게 꺾여 있었다. 몇 명의 사상자를 내고는 모조리 체포되고 말았다.

'틀렸구나!'

정석진은 사태가 불리하게 돌아가는 것을 깨닫고 도소를 뛰쳐나갔다. 그러나 기다리고 있던 농민군의 죽창은 그를 용서하지 않았다.

"감히 우리 장군을 노리다니!"

정석진은 수없는 창을 맞고 그 자리에서 죽었다. 전라 감영의 기습 작전이 실패하는 순간이었다.

"그러고 싶어서 그런 게 아니라 명령에 따라 움직였을 뿐일 터. 돌아가시오."

전봉준은 붙잡힌 감영군들을 모두 풀어 주었다. 그의 도량이 큼을 보여 준 것이었다.

감영군의 기습 사건이 있고 나자 지도자 회의가 열렸다.

"말목장터는 공격과 수비에 불리한 곳입니다."

"그렇습니다. 마을이 밀집해 있어서 전투가 벌어지면 양민들의 피해가 클 것입니다. 감영군이 마을에 불이라도 지르면 큰일이오."

정일서도 김도삼도 같은 생각이었다. 최경선도 마찬가지였다.

"백산으로 진을 옮기자는 뜻인가요?"
전봉준이 빙그레 웃으며 묻자,
"그렇습니다. 백산입니다."
그들은 이구동성으로 대답했다. 알게 모르게 그들은 이렇듯 마음이 서로 통해 있었던 것이다.

"좋습니다. 백산으로 옮깁시다."

전봉준은 명쾌하게 단안을 내렸다.

그해 1월 25일, 농민군은 진지를 백산으로 옮겼다.

백산은 고부 관아에서 20여 리쯤 떨어져 있고, 높이가 겨우 47m밖에 되지 않는 야산이다. 그러나 드넓은 호남평야의 벌판 한가운데에 이 산 하나가 우뚝 솟아 있어서 상대적으로 그 만큼 높아 보인다. 꼭대기에서 내려다보면 아래에서 느끼는 것과는 달리 사방이 툭 트여 주변에 펼쳐진 수십 리의 들판이 한눈에 들어온다. 지형상 대단히 유리한 고지인 것이다. 전주에서 어느 방향으로 접근해 오더라도 백산에서 내려다보는 감시의 눈길을 벗어날 수 없다.

그리고 백산의 정상은 넓고 평평한 지형으로서 산성을 쌓으면 그 안에 삼사백 명의 군사를 능히 주둔시킬 수 있고, 성 바깥에 배치할 수 있는 군사까지 합친다면 천 명 이상도 충분히 가능했다. 이렇게 백산은 공격과 수비에 대단히 유리한 요새 중의 요새였다. 한때 조선 천지를 두루 살피고 다녔던 전봉준의 눈에 띄지 않을 리가 없었다.

전봉준은 백산으로 진을 옮긴 뒤에도 김도삼, 정일서, 최경선 등의 보좌를 받으면서 고부군의 크고 작은 일들과 군민들의 민원을 처리했다. 그래서 백산과 말목장터는 민원 해결을 바라는 군민들의 발길이 끊이지 않았고, 농민군에 들어가려는 인근 마을 사람들의 행렬이 줄을 이었다.

검문 검색도 더욱 철저히 했다. 동진강을 함부로 건너는 것을 금했으며, 고부 군내의 요소요소를 철저히 장악하여 수상한 자의 출입을 막았다. 그래서 감영에서는 그 뒤에도 전봉준을 체포하기 위하여 몇 차례 감영군을 잠입시켰으나 모두 실패할 수밖에 없었다.

백산은 흰옷을 입고 죽창을 든 농민들의 세상이었다. 적어도 여기에서만은 양반과 상놈의 차별이 없었으며, 계급도 없고, 관리나 지주들의 수탈과 탐학이 없는 평화의 세상이었다. 농민들이 꿈에도 그리던 살맛 나는 새 세상이 고부 땅에서 싹이 터서, 백산에서 자라나고 있었던 것이다.

백산에는 예부터 전해 내려오는 말이 하나 있다.

'고부 백산은 가활만민이라.'

고부의 백산은 가히 만 명을, 그러니까 많은 사람들을 살릴 수 있는 영험한 산이라는 뜻이다. 누구의 예언이었을까. 이 예언을 증명이라도 하려는 듯이 백산은 농민군이 나누어 주는 곡식을 타기 위해 모여드는 사람들로 인산인해를 이루었으며, 모여든 사람들은 너도 나도 입을 모았다.

"났네, 났어, 고부 땅에 난리가 났어. 이 난리가 무슨 난린가. 새 세상 만드는 새 세상 난리로세."

"옛말 그른 게 하나도 없다더니 백산이 만 사람을 살리네 그려."

백산에는 전에 없던 새로운 말이 생겨났다.

'서면 백산 앉으면 죽산.'

 농민군이 서 있으면 그들이 입은 흰옷으로 온 산이 하얗게 뒤덮여서 백산이었고, 앉아 있을 땐 들고 있는 죽창이 산을 가릴 듯 뾰족뾰족 치솟아 있어서 말 그대로 죽산이었다.
 그러나 이 말에는 또 다른 깊은 뜻이 들어 있었음을 그 당시 농민군들은 알았을까? 앉으면(농민군이 크게 세력을 얻지 못하면) 죽는다(패망한다)는 그런 암시를.

8. 내야 내야 녹두내야

 전라 감사 김문현은 초조해서 어쩔 줄을 모르고 있었다. 고부에서 일어난 농민들이 그러다 저러다 시일이 지나면 저절로 해산이 될 줄 알았는데, 웬걸 그것이 아니었다. 갈수록 세력이 불어나고, 설상가상으로 고부 농민들의 봉기에 자극을 받은 다른 지역의 농민들까지 움직임이 심상치 않았다.

 '조병갑 이놈! 어지간히 해 처먹지. 그 지경이 되도록.'

 생각할수록 조병갑이 원망스러웠다. 막대한 뇌물을 받아먹고 조병갑의 고부 군수 유임 운동에 앞장을 섰던 터라, 만약 그것이 발각되면 벌을 면할 수가 없을 것이었다. 그러나 이제는 더 이상 중앙에 대한 보고를 미룰 수가 없었다. 그 만큼 사태가 심각해져 있었다.

 김문현은 울며 겨자먹기로 조정에 장계를 올렸다. 그러나 중앙에서는 이미 소문을 통해 이 사실을 알고 있었다. 고종은 김문현을 크게 꾸짖고 의정부를 시켜 월봉 3등 감봉 처분을 내렸으며, 조병갑은 민란을 일으키고 국고를 횡령한 죄로 파면시켰다. 그리고 용안 현감이었던 박원명을 고부 군수로 임명하는 한편, 장흥 부사 이용태를 안핵사로 임명하여 민란을 조사, 보고하게 하고 그 동안 잘못된 행정을 바로 잡도록 했다.

신임 군수와 안핵사가 부임해 오는 동안, 고부 농민 봉기가 쉽게 수그러들 기미가 보이지 않자 김문현은 또 다른 문책이 있을까 봐 두려웠다. 2월 22일, 그는 인근 고을의 수령들에게 군사를 이끌고 정읍으로 모이라는 명령을 내렸다. 그리고 관문을 띄워 5개 군영과 11개 읍에다 군사를 모아 놓고 명령을 기다리라는 지시를 내렸다.

이러한 소식은 감영의 아전을 통해 금방 농민군에게 전해졌다. 감영의 관리들 중에도 나라를 걱정하는 사람들이 있어서 전봉준을 지지했던 것이다.

'올 것이 왔다!'

전봉준은 바짝 긴장을 했다.

'이제야 싸움다운 싸움을 해 보는가?'

그는 즉시 대책 회의를 열었다.

"여러 고을의 군사를 정읍에 집결시키는 까닭은 무엇이겠소?"

"읍내와 백산 두 곳으로 공격해 올 모양입니다."

"우리의 대책은?"

"부대를 둘로 나누어야지요. 반은 읍내로 보내서 거기를 수비하고, 반은 여기 백산을 지키는 것이 어떻겠습니까?"

"좋습니다. 그렇게 합시다."

전봉준의 결정은 언제나처럼 화끈했다. 그는 곧 명령을 내려 감영군의 공격에 대비케 했다.

그러나 감영군의 공격은 종무소식이었다. 정읍에 군사들을 이끌고 속속 모여들어야 할 고을의 수령들이 코빼기도 비치지 않은 까닭이었다. 거기에는 그럴 만한 사정이 있었다. 고부 봉기 이후 전주, 순천, 영광 등지의 다른 군현에서도 농민들이 거세게 일어났기 때문에 수령들은 제 고을을 지키기에 전전긍긍하고 있었던 것이다.

전라도 일대가 이렇듯 걷잡을 수 없는 농민 봉기의 불길 속에 휩싸이자 조정에서는 당황하지 않을 수가 없었다. 왕과 중신들은 대책 회의를 열어 갑론을박을 벌인 끝에 백성들을 달래기로 결론을 모았다. 농민 봉기의 원인이 지방 관리들의 탐학한 행패에 있는 만큼 해산만 하면 벌을 주지 않겠다는 것이었다. 이것은 사실 중앙 정부가 너그러워서 내린 조치가 아니었다. 농민들의 기세가 그만큼 드세었고, 또 그것을 제압할 만한 힘이 국가에 없었던 것이다.

조정의 이런 결정에 뛸 듯이 기뻐한 것은 전라 감사 김문현이었다. 승산도 없는 힘겨운 싸움을 하지 않아도 되기 때문이었다. 그리고 이런 상태가 계속되다가는 언제 자신의 목에도 농민군의 죽창이 날아들어 올지 알 수 없는 일이었다.

그 당시 농민군의 군영은 확실히 예전의 민란 수준의 그것과는 달랐다. 농민군은 척후기를 선두로 청·홍·백·황·흑의 5색으로 각 부대를 표시했고, 깃발을 흔드는 방향과 속도에 따라 부대의 움직임을 지휘할 정도로 규율이 갖추어져 있었다. 또 이들의 무기는 주로 죽창·쇠창·활과 화살 등이며, 총은 재래식의 화승총이 대부분이었지만 투지와 사기는 정식으로 훈련을 받은 정규군보다 더 높았다.

무엇보다 큰 힘은 민심이었다. 민심이 천심이라는 말이 있다. 사람, 즉 백성들이 곧 하늘이라면 백성의 소리야말로 하늘의 소리가 아니겠는가. 고부의 농민 봉기가 성공적으로 진행되고 있을 때, 어린아이들

은 이런 노래를 부르고 있었다.

새야 새야 녹두새야
윗녘 새야 아랫녘 새야
전주 고부 녹두새야
함박 쪽박 열나무 딱딱 후여.

가을에 벼논의 새를 쫓으면서 부르는 노래이다. 그런데 아직 볍씨도 담그기 전인 초봄에 이런 노래가 나도는 것이었다. 이 노래에도 역시 깊은 뜻이 들어 있다. '녹두새'란 두말할 것도 없이 전봉준을 말하고, '윗녘 새 아랫녘 새'는 이 지방 저 지방에서 일어난 농민군을 뜻한다. 전봉준은 일찍이 고부 봉기를 계획할 때 사발 통문에서 조병갑의 목을 베고, 전주성을 함락한 다음 서울로 진격하자고 한 바 있다. '함박 쪽박 열나무 딱딱 후여'란 소리는 고부에만 그렇게 오래 머물러 있을 것이 아니라, 이왕 이렇게 창을 들고 일어났으니 사발 통문의 약속처럼 서울로 쳐들어가 탐관오리와 간신배들을 몰아내라는 뜻이었다. 민심은 이렇게 농민군에게 기울고 있었던 것이다.

  2월 말쯤에 새 군수 박원명이 고부 관아에 부임해 왔다. 그는 손 안 대고 코 풀려는 김문현 감사에게 고부 농민군에 대한 모든 처리를 알아서 하라는 권한을 위임받고 있었다.

  박원명은 우선 농민군의 엄청난 위세와 엄격한 규율에 놀라지 않을 수 없었다.

'힘으로는 안 된다.'

그는 농민군과 타협하는 방안을 선택했다. 즉시 전봉준의 농민군 앞으로 글을 띄워 보냈다.

나의 목적은 오직 백성을 편안하게 하는 데 있다. 그대들과 더불어 이 고을의 행정을 의논하고자 한다. 그러니 그대들 민군 가운데서 이부 이하의 아전 자리를 선발해 주기 바란다.

그와 함께 마을 곳곳에 방을 붙였다.

나는 고부군에 새로이 발령을 받은 군수 박원명이다. 지금 이 고을에 소란이 있으나, 그 책임은 전적으로 행정을 잘못한 고부 관아에 있다. 이제 나는 이 고을의 소란을 진정시키고 백성들이 편히 지낼 수 있도록 하려 한다. 조용히 돌아가 농사를 짓고 편안히 지낸다면 소란의 죄를 일절 묻지 않을 것이다. 이것은 조정의 뜻이니 안심하고 따르라. 앞으로 모든 일은 여러분의 뜻을 받들어 해나갈 것이며, 여러분을 괴롭혀 온 폐정을 새로이 고쳐갈 것이다. 조정의 뜻을 헤아려 이에 어긋남이 없기 바란다.

갑오년 이월 스무 여드레
고부 군수 박원명

　백산의 농민군 도소에서는 긴급 회의가 소집되었다. 농민군의 군량미를 조달하기 위하여 줄포의 전운소 쌀창고를 습격하고 돌아온 뒤였다.
　"새 군수는 어떤 사람이지요?"
　전봉준이 어두운 얼굴로 물었다. 그는 농민군의 한계를 알고 있었다. 농민들은 자신들의 조그만 바람이 이루어지면 그걸로 만족하고 쉽게 해산할 것이었다. 더구나 곧 농사철이 되지 않는가.
　"광주 사람인데, 전라도 형편에 밝다고 합니다."

"믿을 만한가요?"

"여기 형편을 잘 아는 자여서 약속을 지킬 것으로 생각됩니다. 회유책 외에는 방법이 없지 않겠습니까?"

"하긴. 안핵사 이용태는?"

"그자가 문제입니다. 지금은 우리 농민군이 무서워서 꾀병을 부리며 들어오질 못하고 있는데, 우리가 해산이라도 하면 들어와서 어떤 짓을 할는지."

"해산이라, 해산이라."

전봉준의 얼굴이 더욱 어두워졌다. 고부의 농민군만으로는 역부족이라는 힘의 한계가 뼈저리게 느껴졌다. 그래서 그는 일의 성공을 위해서는 손화중, 김개남, 김덕명 등과 힘을 합쳐야 한다는 생각을 곱씹고 있었다.

"군수가 내일 모레 초사흗날 군민들을 초대한다지요?"

"잔치를 베풀고, 위로 겸 군민들의 여론 청취를 할 모양입니다."

"농민들이 넘어가겠지요?"

"……."

일은 전봉준이 예상한 대로 돌아가고 있었다. 박원명은 실제로 농민군들의 요구를 성실하게 받아들였고, 이부 이하의 아전들을 농민들 중에서 뽑아 썼으며, 그 동안 농민들을 괴롭히던 폐단들을 개선하여 군민들의 신임을 받게 되었다. 그러자 농민군의 일부에서는 이제 그만 해산을 하자는 주장이 나오기 시작했다. 농사철이 되었던 것이다.

물론 반대파도 만만치 않아서 양측은 해산이냐 아니냐를 놓고 심한 몸싸움을 벌이기까지 했다.

전봉준은 결단을 내리지 않을 수 없었다.

"나는 조정을 믿지 않는 사람입니다만, 많은 사람들이 해산을 하자고 하니 많은 사람들의 의견을 따르겠습니다. 일단, 여기서 해산을 합니다. 우리가 해산을 한 다음 만약 농민들을 잡아들이거나 해치거나 하면 그때 다시 죽창을 듭시다. 최후의 일인까지, 최후의 일각까지 싸우고 또 싸움시다. 그러면 그때는 이웃 고을 사람들은 물론이고, 조선 팔도의 모든 농민들이 일어나 우리와 함께 싸울 것입니다."

3월 3일, 전봉준과 동지들은 농민군을 해산시켰다. 그리고 그 동안 확보되었던 총과 창 수백 자루를 말목장터의 민가에 분산시켜 감추고, 다음을 준비하기 위해 고부를 떠났다.

9. 점화

안핵사 이용태는 조병갑보다 더 독하고 험한 관리였다. 농민군이 창을 들고 있을 때는 두려워서 꾀병을 부리며 발령이 난 지 한 달이 넘도록 밖으로만 돌던 자가, 농민군이 해산되고 나자 그때서야 잔뜩 거들먹거리며 고부에 나타났다.

이용태는 역졸 8백 명을 이끌고 들어와서 순식간에 마을을 아비규환의 생지옥으로 만들어 놓았다.

"나는 상감마마의 어명을 받은 어사로서 영을 내린다. 반란군에 나간 자들을 한 놈도 남김없이 잡아들여라. 반항하는 자는 죽여도 상관없다. 가라!"

역졸들은 이용태의 명령을 기다렸다는 듯이 고부의 이 마을 저 마을을 무법천지로 휘젓고 돌아다녔다. 남자들을 닥치는 대로 방망이로 두들겨서 굴비 엮듯 묶어 갔고, 농민군에 나간 사람들의 집에 불을 질렀으며, 본인이 없는 경우에는 그의 처자를 대신 묶어 가기까지 했다. 겁탈을 당한 부녀자들도 한두 명이 아니었다.

이용태는 미치광이 같은 자였다. 매일매일 술독과 기생들 속에 파

묻혀 지내면서, 선정을 베풀어 농민 봉기를 무마한 박원명을 오히려 꾸짖고, 군민들을 잔혹하게 짓밟으면서 민간인들의 재물을 약탈했다.

하루는 역졸들이 무장 선운사에서 재산깨나 있는 어느 지주를 동학으로 몰아 잡아 오다가 손화중 포(동학의 교구 또는 집회소)의 사람들을 만나 얻어맞고 도망한 적이 있었다.

"전라도 놈들은 반란군이다. 전라도 놈들은 모두 동학이고 역적이니 무조건 때려잡아라."

이용태는 농민군에 가담한 사람들을 모조리 동학으로 몰고, 전라도 사람들을 온통 동학으로 싸잡아 더욱 악랄한 보복을 가했다. 거기에다 전라 감사 김문현마저 정부로부터 징계를 당한 앙갚음을 하는 건지 부자들을 잡아들여 닥치는 대로 재물을 빼앗았다.

고부의 군민들은 이들의 천인공노할 만행에 치를 떨고 이를 갈았다. 흩어졌던 농민군들은 다시 분노의 칼을 갈기 시작했다.

이때 전봉준은 농민군 지도자들 몇과 함께 무장에 피해 있었다. 무장은 고부에서 50여 리 떨어진 손화중의 근거지였다. 고부의 정보를 듣고 있던 전봉준은 김개남, 김덕명에게 서신을 보냈다. 그리고 날을 잡아 손화중을 찾아갔다.

"손 접주, 계시는가?"

손화중은 언젠가 눈 오는 날 전봉준이 찾아왔을 때 그랬던 것처럼 역시 버선발로 뛰어나왔다.

"어서 오시게. 모두들 기다리고 있었네."

김개남, 김덕명이 먼저 와서 기다리고 있었다.

손화중.

그는 무장의 동학 접주로서 전라도에서 세력이 가장 크고 명성이 높았다. 그가 일어난다면 여기에 호응하지 않을 남접계의 접주들은 별로 없을 것이었다.

김개남.

태인의 동학 접주로서 전봉준과는 절친한 사이였다. 태인 지금실 마을의 동리 동무였으며, 원평 집회 이후 뜻을 같이하고 있었다.

김덕명.

원평의 동학 접주로, 전봉준과는 어릴 때부터 알고 지내면서 서로 이끌어 주는 사이이다. 원평 집회 때도 전봉준을 적극 지지했다.

전봉준, 손화중, 김개남, 김덕명. 전라도 남접계의 주요 인물들이 한 자리에 모인 것이었다.

"이제는 더 이상 좌시할 수가 없어요."

전봉준이 먼저 입을 열었다.

"고부가 다시 쑥밭이 되었지만, 핍박을 받는 곳이 비단 고부뿐만은 아니잖습니까. 조선 팔도의 민중이 너나할것없이 도탄에 빠져 있는데 어찌 그대로 두고 볼 수 있겠습니까."

김개남이 유난히 검은 눈썹을 꿈틀거리며 말을 받았다.

"거사를 하자는 말씀이오?"

"그렇습니다. 민중들과 나라를 구하는 길은 우리가 함께 일어나는

것밖에 없습니다."

신중론자인 손화중도 마침내 고개를 끄덕였다.

"전 접주의 의견에 동감하오. 아무리 생각해도 이대로는 더 이상 견딜 수가 없소이다. 이번 거사, 함께 합시다."

"좋습니다. 이제 우리는 동지입니다. 생사고락을 같이 합시다."

전봉준이 내민 손바닥 위에 손화중, 김개남, 김덕명의 손바닥이 차례로 얹혀졌다. 갑오 농민 전쟁의 불씨가 점화되는 순간이었다.

10. 가자, 전주로! 가자, 서울로!

갑오년 3월 20일.

  전라도 무장현에는 4천여 명의 농민군이 구름처럼 모여들고 있었다. 전봉준이 무장의 동학 접주 손화중과 함께 모은 농민들이었다. 이들은 창의문을 선포하여 농민군이 일어난 뜻을 분명히 하였다. 그리고 각 고을에 통문을 보내 나라와 백성을 구하기 위해 함께 일어날 것을 호소했다.

  창의문이란 조정을 상대로 한 본격적인 선전 포고나 마찬가지였다. 전봉준·손화중·김개남의 공동 명의로 호남 창의소에서 선포된 이 창의문의 핵심 요지는 제폭구민과 보국안민이다. 즉 탐관오리들과 서양 세력의 폭력으로부터 백성을 구하고, 나라를 도와 백성을 편안하게 한다는 뜻이었다.

  창의문이 세상에 알려지자 농민들은 환호를 올렸다.

"옳다. 이제는 되었다. 하늘이 어찌 무심하랴."

"이놈의 세상은 얼른 망해야 한다. 망할 것은 얼른 망해 버리고 새 세상이 와야 한다."

농민들은 이 고을 저 고을에서 벌 떼처럼 일어나기 시작했다.

'드디어 불이 붙는구나.'

이를 지켜보는 전봉준은 감개무량했다. 얼마나 꿈꾸어 왔던 순간인가. 얼마나 기다려 왔던 순간인가. 병으로 죽은 젊은 아내를 땅에 묻으면서, 비명에 간 늙은 아버지를 땅에 묻으면서 전봉준은 다짐을 하고 또 하곤 했었다. 민중들의 삶을 도탄에 빠지게 한 탐관오리들과 서양 오랑캐, 섬 오랑캐들을 물리치고 이 땅에 새로운 세상을 세우리라. 땅 갈고 씨 뿌리는 자가 땅의 주인이 되는 세상, 사람이면 누구나 하늘처럼 떠높임받는 그런 세상을.

두 달 전 고부에서의 봉기가 떠올랐다. 그것은 처음부터 계란으로 바위 치는 격의 무모한 모험이었다. 철저한 규율과 지도력으로 농민군을 통제하며 군 행정을 장악함으로써 한때 성공을 한 듯도 싶었지만, 그것은 어디까지나 한 지역인 고부군의 '불'에 불과했다. 강 건너 불구경 식으로 다른 군현이 함께 움직여 주지 않았기 때문에 고부의 '불'은 지역적인 한계를 드러낸 채 스스로 꺼지고 말았던 것이다.

지역적인 한계를 극복하는 일은 전봉준이 가장 큰 목표로 삼은 과제였다. 그래서 그는 손화중을 찾아가고, 김개남·김덕명을 만나고 하면서 동분서주, 그야말로 발이 닳도록 뛰어다녔던 것이다. 그리고 마침내 그 열매가 열려 전라도 동학의 주요 세력이 한데 모여 정부에 대한 선전 포고, 즉 창의문을 선포하기에 이른 것이었다.

"전 동지, 무슨 생각을 그리 골똘히 하고 있는가?"

언제 왔는지 손화중이 전봉준을 내려다보며 빙그레 웃고 있었다.

"아, 아닐세. 그냥."

전봉준은 손화중의 손을 움켜잡았다.

"고맙네, 손 동지!"

"허, 그게 무슨 말인가, 새삼스럽게."

두 사람은 한동안 아무 말 없이 서로의 손만 부여잡고 있었다. 그러나 마주 잡은 손끝을 통해 수없이 많은 말들이 오가고 있었다. 그것은 나라와 민중을 구하기 위한 동지애로서의 뜨거운 교감이었다.

"역시 고부가 먼저겠지?"

이윽고 손화중이 먼저 입을 열었다.

"먼저 이용태를 징치하고 나서 백산으로 집결하세. 그리고 전주로 진격하세."

"그러세. 이제 다른 접주들의 부대도 구름처럼 모여들겠지."

3월 22일. 농민군은 전봉준의 부대를 선두로 하여 무장을 출발, 고부로 진격했다. 진격 도중 태인에서 최경선이 이미 조직해 놓은 농민군 3백 명과 함께 합류했다.

농민군은 말목장터 주변의 민가에 숨겨 둔 무기를 거두어들였다. 그리고 그날 밤, 대기하고 있던 고부의 농민군들과 함께 고부읍의 북성으로 쳐들어갔다. 그러나 농민군의 대부대가 진격하고 있다는 소문을 들은 이용태는 어느새 꽁지가 빠지게 달아난 뒤였고, 포악하게 날뛰던 역졸들도 뿔뿔이 흩어져 버려 대항하는 자가 없었다.

전봉준은 군기고를 열어 총, 탄약, 창 등의 무기를 거두어들이게 했다. 그리고 옥문을 열어 고부 봉기로 인해 갇혀 있던 사람들을 풀어 주었다. 고부 농민들의 원한은 뼈에 사무쳐 있었다. 농민들은 풀려난 즉시 집에도 돌아가지 않고 대나무를 깎아 들고 농민군에 합류했다.

전봉준은 두지면의 화약고를 불태우고, 쌓여 있던 민원을 처리한 다음 25일에 고부읍에서 백산으로 본진을 옮겼다.

이 무렵 백산 주변에는 창의문과 통문을 보고 각지에서 몰려드는 농민군들로 인산인해를 이루고 있었다. 손화중 포의 고창·무장·홍덕·정읍, 김개남 포의 태인, 김덕명 포의 태인·김제·금구 등지에서 모여든 농민군의 수는 8천여 명을 헤아리고 있었다.

이처럼 농민군의 수가 엄청나게 불어나자 부대를 재편성해야 할 필요가 생겼다. 또한 지방 단위별로 조직된 농민군을 이끌어 갈 지도자와 부서별 책임자를 정해야 할 필요도 있었다.

수뇌급 지도부의 회의에서 총대장으로 물망에 오른 사람은 단연 전봉준이었다. 그러나 전봉준은 한사코 사양했다.

"당치 않은 말씀! 저는 세력도 약하고, 입교한 지 얼마 되지 않아 동학 교단에서 지위도 한참 낮습니다. 자격이 없습니다."

"우리는 생사를 같이할 동지인데 세력이 무엇이며 지위가 무엇이오?"

"그렇소이다. 전 동지는 고부 봉기에서 이미 지도력을 충분히 보여 주었소. 동지들이 모두 우러르고 따르니, 총대장은 전 동지밖에 없소이다."

대세는 이미 결정 나 있었다. 전봉준은 더 이상 사양하는 것은 동지들에 대한 도리가 아니라고 판단했다.

"좋습니다."

전봉준은 화끈하게 대장 직을 수락했다.

"이 전봉준이가 짐을 집니다. 제폭구민, 보국안민에 제 목숨을 바치겠습니다."
 마침내 전봉준이 갑오 농민 전쟁을 이끌어 가는 총대장이 된 것이었다.

전봉준.

가난한 몰락 양반 전창혁의 아들로 태어나서, 아버지에게서 대쪽 같은 선비 기질을 배우며 소년 시절을 어렵게 지낸 그는 가정을 이룬 후에도 논 서 마지기로 생계를 유지해야 하는 가난한 농민이었다. 한

때 서당 훈장, 약방, 풍수 노릇 등을 두루 거치면서 서민들의 마음을 읽고, 그들의 애정과 신뢰를 받아 온 그는 조선 천지를 여기저기 떠돌면서 세상의 흐름을 읽는 안목을 키우기도 한다. 그러다가 그는 서른여섯 살에 동학에 입교, 서른여덟 살이 된 재작년에 고부 접주로 임명 받았기 때문에 동학 교단 안에서의 그의 지위는 아주 낮은 편이었다. 이번에 함께 일어난 손화중·김개남·김덕명 등의 거물들과는 비교조차도 할 수가 없는 처지였다. 그런데도 그들을 제치고 농민군의 총대장이 된 것은 전봉준의 인품이나 탁월한 지도력을 말해 주는 부분이라 하겠다.

총대장이 결정되자 나머지 지도자들의 역할도 속속 정해졌다.

대　　장 : 전봉준
총관령 : 손화중, 김개남
총참모 : 김덕명, 오시영
영솔장 : 최경선
비　　서 : 송희옥, 정백현

농민군 재편성을 마친 전봉준은 백산에 호남창의대장소를 설치했다. 그리고 대장기에 '보국안민'의 넉 자를 크게 써 넣게 했다. 그의 뜻이 어디까지나 나라와 백성들에게 있음을 더욱 분명히 한 것이었다.

이어서 전봉준은 격문을 사방에 띄웠다.

격문

우리가 오늘 의를 앞세워 일어선 것은 그 본뜻이 결코 다른 데에 있는 것이 아니고, 오직 도탄에 빠진 백성을 건지고 국가를 튼튼하게 하고자 함이다. 안으로는 탐학 관리들의 머리를 베고, 밖으로는 서양 오랑캐들과 왜놈들의 무리를 물리치고자 함이다. 양반과 부호들에게 고통받는 민중들과, 방백이나 수령 밑에서 굴욕을 받는 하급 관리들 또한 우리와 같이 원한이 깊을 것이다. 조금도 주저하지 말고 지금 바로 일어서라. 만일 기회를 잃으면 후회를 하여도 때는 이미 늦으리라.

갑오 삼월 일
호남창의대장소 백산에서

이 격문이 사방으로 전해지자 호남 일대는 흥분의 도가니 속에 휘몰렸다. 농민들은 기다렸다는 듯이 손에 몽둥이나 농기구, 죽창을 들고 백산으로 달려왔다. 영광·옥구·무안·임실·남원·순창·진안·장수·무주·담양·창평·장성·능주·광주·나주·보성·영암·강진·흥양·해남·곡성·구례·순천, 지역을 가리지 않고 농민들이 몰려왔다. 전주를 치고 서울로 진격하려는 그 결전의 날을 위해 농민들은 지금 속속 백산으로 모여드는 것이었다. 이것은 지역적인 한계를 극복하고 힘을 한곳으로 모으려는 전봉준의 피나는 노력의 열매이기도 했다.

새 세상을 만든다!
얼마나 기다렸던 순간인가. 억울하게 빼앗기고, 짓밟는 대로 짓밟힐 수밖에 없었던 그들이기에 죽창을 든 팔뚝에는 핏줄이 솟아오르고, 가슴은 벅찬 감동으로 터질 듯했다. 운집한 농민군 중에 특히 순천에서 온 열네 살의 소년 장수 이복용은 가장 용감하고 모범적이어서 농민군의 사기를 크게 높여 주었다.

농민군에 참가하는 사람들은 비단 농민들뿐만이 아니었다. 감사나 군수, 현령 밑에서 그들의 부정부패를 지켜본 아전 등의 하급 관리들도 분연히 팔을 걷고 일어섰다. 그들 역시 그대로 보고만 있을 수가 없었던 것이다.

전봉준은 군사가 수만 명을 헤아리게 되자 마음이 든든하고 가슴이 뿌듯했으나, 한편으로는 불안감도 없지 않았다. 각지에서 마구잡이로 모여든 사람들이라 혹시 마을의 농민들에게 피해를 끼치지는 않을까, 농민군을 핑계 대고 제멋대로 행동하며 행패를 부리는 자는 생기지 않을까, 이것이 걱정이었다. 그는 영솔장 최경선을 불렀다. 최경선은 전봉준이 어려울 때마다 그림자처럼 따라다니며 도와 온 오랜 동지요, 손발과 같은 사람이었다.

"이 많은 군사들을 통제하려면 무언가 있어야 하지 않겠는가?"

"저도 그렇게 생각합니다. 농민군의 행동 원칙을 정해야 할 것 같습니다."

"그렇지? 주민 속의 농민군, 이것은 나의 신념이네."

"주민 속의 농민군?"

"우리의 거사가 성공하려면 우리 군사가 지나는 고을마다 주민들의 호응이 절대로 필요하네. 만에 하나라도 우리 농민군 중에서 행패를 부리는 자가 생겨나 주민들이 등을 돌린다면, 그런다면 우리의 거사는 끝장이 날 터."

"그렇습니다! 장군은 참으로 현명하십니다. 그런 데까지 신경을 쓰시다니."

"사람 참!"

전봉준은 픽 웃었다.

"어디 그런 칭찬받자고 한 말인가. 행동 원칙을 정하고, 우리가 싸우는 목표를 분명히 밝히는 강령을 정해서 선포하세. 가서 총관령들과 참모, 비서들을 부르게."

"예, 대장님!"

최경선이 뛰어나가고, 곧이어 간부 회의가 열렸다. 여기서 정해진 것이 바로 '농민군 4대 행동 강령'이었다.

첫째, 사람을 함부로 죽이지 말고, 남의 가축을 잡아먹지 말라.

둘째, 충효를 다하고, 세상을 구하여 백성을 편안케 하라.

셋째, 왜놈을 몰아내고, 나라의 정치를 바로잡는다.

넷째, 군사를 몰아 서울로 쳐들어가, 권세 부리는 자들을 모조리 없앤다.

4대 행동 강령이 선포되자 농민군의 군율은 더욱 엄격히 지켜졌고, 당연히 일반 농민들은 그들을 더욱 열렬히 환영하며 지지했다.

가자, 전주로!

가자, 서울로!

농민군의 사기는 하늘을 찌를 듯했다.

11. 작전의 승리, 황토재 전투

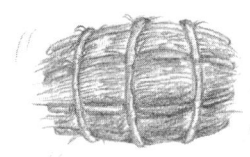

　농민군 수만 명이 백산에서 창의문을 선포하여 선전 포고를 하며 전주로 진격할 태세를 갖추자 전라 감사 김문현은 크게 당황했다. 그는 고부 봉기 때처럼 달래서 무마하는 방법으로는 도저히 사태를 수습할 수 없음을 깨닫고 즉시 정부에 보고를 했다.

　보고를 받은 정부에서는 이용태를 파면시키고, 홍계훈을 전라 병사로 임명하여 난을 진압토록 했다. 그러나 잇따르는 보고와 소문을 듣고는 사태의 심각성을 깨달아 홍계훈을 다시 양호 초토사로 임명하고, 장위병 군사 5대 8백 명을 내려 보냈다. 마침내 농민군과 정부군이 맞붙어 전쟁을 치르게 된 것이었다.

　한편 김문현도 가만히 앉아서 농민군에게 당할 수만은 없었다. 조정에서 군대가 내려온다는 소식을 듣고는 용기를 내어 감영군과 급히 뽑은 향병, 보부상 부대를 백산으로 출동시켰다. 이경호가 이끄는 감영군은 백정·석유 행상·종이장이 등의 향병을 포함하여 7백 명, 송봉희가 이끄는 보부상 부대는 6백 명, 모두 1천3백여 명의 군사였다.

　보부상 부대, 이들은 누구인가. 같은 평민 또는 그 이하의 계층이면서 왜 농민군과 맞서 싸우는 것인가.

보부상들은 그 본업이 각 고을을 다니면서 상품을 팔아 생활하는 등짐장수와 봇짐장수를 말한다. 행상 동업 조합인 이들은 동업 체제의 통제 아래 움직이며, 상부상조하는 조직체를 이루고 있었다. 특히 이들은 대원군이 정권을 잡은 이래 지방관들의 침탈을 중앙 정부가 막아 보호해 주는 대신, 국가가 위태로울 때 즉시 동원되는 특별 기동대 역할을 했다. 그래서 이번에도 농민군 토벌대로 나선 것이었다.

감영군과 보부상 부대가 출동했다는 정보는 즉각 농민군에 보고되었다. 이때 농민군은 이미 태인을 점령하고, 원평을 향해 진격하는 중이었다.

"김문현의 군사들쯤이야."

전봉준은 큰소리를 탕탕 쳤다. 물론 아직 한 번도 본격적인 전투를 해 보지 않은 농민군들에게 용기를 주고 사기를 높이기 위해서였다.

"나에게 계책이 있으니 걱정할 것 없소이다."

4월 3일에 전봉준은 군사를 다시 태인 쪽으로 되돌려 1대는 북촌 용산에 주둔하면서 감영군의 동정을 살피게 했고, 다른 1대는 부안의 부흥역으로 가 흩어져서 주둔하도록 했다. 그러는 동안에도 다음 날 부안 동헌을 점령하여 무기를 확보했다.

감영군이 어슬렁어슬렁 고부에 나타난 것은 4월 6일이었다. 그들이 고부까지 오는 동안 저지른 행패는 이루 말할 수가 없었다. 군기를 앞세우고 몰려다니면서 주민들에게 억지로 밥을 시켜 먹었고, 소·닭·

돼지 가리지 않고 농민들의 목숨처럼 소중한 가축을 닥치는 대로 잡아먹었으며, 재물 강탈과 부녀자 겁탈을 서슴지 않았다. 나라를 지키는 군인이 아니라 폭력배나 떼강도들과 조금도 다를 바가 없었으므로 고을 주민들의 지지를 받을 까닭이 없었다. 이와 반대로 농민군은 행동 강령과 군율을 엄격히 지켜 민폐를 끼치는 일이 없었다. 한창 보리

가 패는 밭을 지날 때는 보리를 밟지 않도록 조심히 지나갔으며, 실수로 밟으면 다시 세워 놓고 가곤 했다. 주민들의 지지를 받는 것은 당연한 일이었다. 이 고을 저 고을을 지날 때마다 주민들은 방을 비워 주며 편히 쉬어 가라고 권했고, 스스로 밥을 지어 이고 지고 나르기도 했다.

감영군이 동진강을 사이에 두고 화호나루터에다 진을 치자 전봉준의 머리는 재빠르게 돌아가기 시작했다.

정규군을 상대로 한 농민군의 첫 전투.

이것은 대단히 중요한 의미를 갖고 있었다. 여기서 이긴다면 농민군의 사기가 크게 올라 다음 전투도 자신감을 갖게 되겠지만, 만약 그 반대라면 정식으로 훈련을 받지 못한 농민들인지라 전투력이 크게 약화될 것이 불을 보듯 뻔했다. 무릇 전투는 싸움을 시작하기 전의 정신 상태에서 이미 승패의 판가름이 나는 법이다. 이긴다는 자신감으로 무장한 편은 대개 이기지만, 진다는 생각으로 겁부터 먹으면 반드시 진다. 그러므로 이번 싸움은 반드시, 정말 어떤 일이 있어도 반드시 이겨야 했다.

'정규군은 4백 명의 남무영 부대뿐, 나머지는 억지로 끌려온 자들이다.'

남무영 부대란 작년 3월 동학의 원평 집회 때 그들이 서울로 쳐들어가려고 했기 때문에 그에 놀란 김문현이 작년 8월에 새로 설치한 부대를 말한다. 규모는 4백 명.

'신념도 투지도 없고, 군기가 엉망이어서 오합지졸이나 다름없다. 더구나 이경호와 송봉희는 공을 다투고 있다.'

전봉준은 수집된 정보를 면밀히 검토하기 시작했다. 정면 대결은 불리했다. 수는 이쪽이 많지만, 감영군은 그래도 정식으로 군사 훈련을 받은 남무영 부대가 있었다. 더구나 전쟁에서 '쌀' 이라 할 수 있는 무기가 비교조차도 할 수 없을 정도로 열세였다. 감영군의 무기는 주로 신식총으로 유효 사정거리 200m에, 반자동이어서 1분에 12발을 쏠 수가 있다. 거기에다 대포까지 갖추었다. 그런데 농민군은 죽창이 대부분이고, 몇 자루 되지도 않는 총기는 거의 화승총이다. 화승총은 사정거리가 길어야 50m 정도이며, 한 방 쏘는 데 1분이나 걸린다.

'적의 총기를 무력화시켜 막대기보다 못하게 만들려면, 그렇다! 밤에 싸운다. 지형상 우리에게 유리한 곳으로 적을 끌어들인 다음에……'

고부 지역의 지형은 전봉준에게는 손금과도 같았다. 전봉준의 머릿속에는 한 장의 지도가 그려지고 있었다.

작전이 결정되자 전봉준은 곧바로 실행에 옮겼다. 부대를 둘로 나누어 각각 역할을 준 다음, 용감한 농민군들을 뽑아 무장의 보부상으로 가장시켜서 감영군의 보부상 부대에 잠입시켰다. 이들의 임무는 감영군을 황토재로 유인해 오는 것이었다. 그리고 또 한 무리의 부대를 황토재로 미리 보내 흰 포장을 둘러치고 몰래 토성을 만들었다. 그 안에 짚더미를 쌓아 몸을 숨기고 있다가 적이 나타나면 기습을 하려는 것이었다.

'탕!'

'탕, 탕, 탕, 탕!'

마침내 감영군의 진영에서 총소리가 들리기 시작했다. 감영군은 백산과 그 주변의 농민군 진지를 향해 총을 마구 쏘아 대며 함성을 질렀다. 간간이 대포까지 쾅, 쾅 터뜨리며 한껏 기세를 드높였다.

총소리와 대포 터지는 소리가 천지를 진동하자 농민군 진영에서는 소란이 벌어졌다. 화승총을 몇 방 쏘아 보더니, 잠시 후 우왕좌왕하면서 도망을 치기 시작했다.

"뭐 저런 것들이 다 있어?"

감영군은 신바람이 났다. 겨냥하지도 않은 채 총을 더욱 빗발치듯 쏘아 댔다.

"돌격!"

별장 이경호의 목소리는 벌써 승리감에 취해 있었다. 감영군들도 마찬가지였다. 그들은 농민군의 저항을 변변히 받아 보지도 못한 채 그야말로 식은 죽 마시는 격으로 백산을 점령하고 말았다.

"오합지졸 같으니."

"저런 한심한 꼴로 보국안민? 차라리 허수아비가 저놈들보다는 낫 겠다."

백산에 진을 친 감영군은 무기를 함부로 내던지고 벌렁벌렁 드러누워 있었다. 그들의 머릿속은 농민군을 물리치는 일보다는 마을로 들어가 재물을 빼앗고 술과 고기로 배를 채울 생각으로 가득 차 있었다.

그때였다. 보부상 부대에서 누군가가 외쳤다.

"어? 저것들 좀 봐라."

감영군들의 눈길이 일제히 그가 가리키는 쪽으로 쏠렸다. 부안 쪽으로 도망가던 농민군들이 다시 되돌아오고 있는 것이었다. 농민군은 백산에 진을 친 감영군을 본체만체하면서 말목장터를 향해 마치 놀이하듯 까불거리며 지나가는 것이었다.

"저것들이 우리를 놀린다. 쫓아가서 요절을 내자."

"감히, 뉘 앞에서. 박살을 내자!"

보부상 부대 중에 유난스럽게 흥분을 하는 사람들이 있었다. 무장에서 온 보부상들, 다름 아닌 전봉준의 잠입병들이었다.

"저놈들이 우리를 얕잡아 보고 놀리는데 이대로 있을 겁니까?"

"쫓아갑시다. 쫓아가서 본때를 보여 줍시다."

무장 보부상들이 선동을 하자 감영군은 금방 발끈 달아올랐다.

"진격!"

감영군은 다시 농민군을 쫓기 시작했다.

농민군은 잡힐 듯 잡힐 듯하면서도 잡히지 않는 봄 아지랑이 같았다. 적당한 거리를 두고 도망을 치면서 감영군이 멈추면 따라서 멈추고, 쫓아오면 또 도망을 치고, 그래서 마치 술래잡기를 하는 것 같았다.

"저놈들이 갈 곳은 황토재밖에 없어요. 가서 전멸을 시킵시다."

"전멸을 시킵시다!"

불난 집에 부채질하듯 선동을 하는 무장의 보부상들 바람에 화가 날 대로 난 감영군은 마구잡이로 농민군을 뒤쫓았다. 그러는 동안 감영군은 지칠 대로 지쳐 있었다.

농민군은 이제 평야 지대를 벗어나 천태산과 두승산 사이의 천치재로 들어섰다. 마침내 황토재를 눈앞에 둔 것이었다.

농민군이 황토재에 이르렀을 때, 해는 지금까지의 이 숨 막히는 광경을 지켜보느라 지쳤는지 이부자리를 챙기고 있었다. 붉은 노을 속에 날이 꺼뭇꺼뭇 어두워지기 시작하자 양군은 각각 진을 쳤다. 감영군은 황토재에다 진을 쳤고, 농민군은 거기서 한 마장쯤 떨어진 야산에 자리를 잡았다. 물론 농민군의 진지에는 미리 준비해 둔 토성과 그 안에 함정이 도사리고 있었다.

농민군의 진지에는 이미 저녁밥이 준비되어 있었다.

"여러분, 수고하셨습니다."

전봉준의 목소리에서는 카랑카랑 쇳내가 났다.

"우리는, 우리 작전대로 감영군을 황토재에다 진을 치게 했습니다. 이제 우리들에게 남은 일은 무엇입니까?"

아무도 대답을 하는 사람이 없었다. 농민군은 모두 전봉준의 귀신 같은 예측력과 치밀한 작전 설계에 혀를 내두르고 있었다. 적을 여기까지 유인해 들인 것이며 함정을 설치한 것, 그리고 군사들의 저녁밥까지 준비해 놓은 것, 이 모든 것들이 한 치도 빈틈이 없었던 것이다.

"적을 전멸시키는 일만 남았습니다."

전봉준은 망치로 못을 박듯 분명하고 힘 있게 말했다.

"적은 야습을 해 올 것입니다. 퇴로는 이미 차단시켜 놓았습니다. 적이 가진 양총? 무서워할 것 없습니다. 밤에 총은 몽둥이보다 못하니까. 검은 옷을 입은 놈들과 등에 붉은 도장 찍힌 놈들은 모조리 처치하세요. 그놈들은 영병과 보부상 부대입니다. 흰옷을 입은 자들은 억지로 끌려온 향병들이니 도망가게 그냥 두세요. 오늘은 우리들의 첫 전투, 반드시 이깁시다. 각자 위치로!"

전봉준의 지시가 떨어지자마자 농민군들은 맡은 자리로 소리 없이 흩어졌다. 그들의 움직임은 바람처럼 민첩하고 힘이 넘쳤다.

하늘도 농민군의 편인가. 밤이 깊어지면서 안개가 끼기 시작했다. 어디가 어딘지 한 치 앞도 가려보기가 어려웠다. 모든 형편이 지형을 모르는 감영군에게 불리하게 돌아가고 있었다.

한편 감영군 진영에서는 밤이 깊어지도록 농민군 진영에서 아무런 움직임이 보이지 않자 더럭 의심이 났다.

"불을 피워라."

이경호의 명령이 떨어지자 군사들은 소나무를 베고 쪼개고 하여 불을 대낮처럼 밝혔다. 안개가 여전히 산자락을 희부옇게 에워싸고 있었다. 그 안개 속에 농민군의 진영은 불도 꺼진 채 쥐 죽은 듯이 고요했다.

'적은 낮에 땅 파고 밤에 잠자는 농투성이, 오합지졸에 지나지 않아. 밤이어서, 더구나 안개가 이래서 방심하여 자고 있는 게 틀림없다.'

이경호는 슬그머니 욕심이 생겼다. 공을 잡동사니 보부상 부대 따위를 이끄는 송봉희에게 빼앗기고 싶지가 않았다. 세상모르고 자고 있을 농민군 진영을 기습 공격하면 승리는 불을 보듯 뻔했다. 이런 기회를 어찌 놓치랴.

"돌격!"

이경호는 공격 명령을 내렸다.

"이경호가 야습을?"

송봉희도 뒤질세라 보부상 부대를 이끌고 농민군 진영으로 진격했다. 길을 안내하는 것은 물론 무장에서 온 보부상들이었다.

4월 7일의 이른 새벽. 감영군은 벌 떼처럼 농민군의 진지로 들이닥쳤다. 그러나 이게 웬일? 농민군의 진지는 텅 비어 있었던 것이다.

"……?"

'아차' 하고 후회하는 순간, 갑자기 산의 삼면으로부터 짚더미가 벌떡벌떡 일어나면서 총구가 불을 뿜고, 콩 볶는 듯한 총성이 고요한 새벽하늘을 갈가리 찢기 시작했다.

"앗, 속았다!"

여기저기서 비명 소리가 어지럽게 들렸다.

"총을 쏘아라!"

이경호가 다급하게 외쳤다. 그러나 어둠 속 어디에다 무엇을 겨냥하고 총을 쏠 것인가. 감영군은 총을 내던진 채 우왕좌왕, 도망칠 구멍 찾기에 정신이 없었다. 그러는 그들에게 농민군의 죽창이 서릿발처럼 날아들었다. 경우에 따라서는 죽창이 신식총보다 훨씬 더 효과적이라는 사실을 몸소 확인하는 순간이었다.

"당했다, 후퇴하라!"

이경호가 비통하게 부르짖었다. 그러나 감영군은 지형을 모르는 데다 사방은 한 치 앞도 가려보기 힘든 짙은 안개 속이었다. 당황한 감영군은 저희들끼리 뒤범벅이 되어 이리 뛰고 저리 뛰고, 엎어지고 자빠지고, 밟고 밟히고, 달아나고 숨고, 그런 난리가 없었다. 마치 뜨거운 솥 안의 메뚜기 떼처럼 그들은 앞뒤 없이 길길이 날뛰며 허둥거리다가 농민군의 죽창에 죽어 넘어졌다. 비명 소리, 신음 소리, 부르짖는 소리, 살려달라고 애원하는 소리. 아비규환이었다.

겨우겨우 농민군의 포위망을 뚫고 남쪽으로 도망쳐 나온 감영군들도 비참한 최후를 맞기는 마찬가지였다. 어제 백산에서 부안 쪽으로 가던 농민군 부대가 몰래 돌아와서 퇴로를 막고 숨어 기다리고 있었던 것이다.

감영군의 입장에서 보면 참패요, 완패였다. 이경호를 비롯하여 천 명이 넘는 군사 대부분이 몰살을 당했으며, 가까스로 목숨을 건져 달아난 자는 송봉희 등 수십 명에 불과했다.

아침이 되자 언제 그랬냐는 듯 안개가 걷혔다. 날이 밝고 전투가 끝나자 농민군은 자신들이 거둔 승리에 깜짝 놀랐다. 산비탈이며 높고 낮은 언덕배기, 밭두렁, 논두렁, 눈 닿는 곳마다 적의 시체였다. 그리고 그들이 내던진 무기와 민가에서 약탈한 금은보화가 수두룩했다.

"전쟁하는 군인이 민가 약탈이라니, 더러운 놈들!"

농민군은 감영군의 시체에다 침을 퉤퉤 뱉었다.

"이러니 나라가 썩을 수밖에."

"군인이 썩어서 나라가 썩었겠는가? 윗것들이 썩어서 나라가 썩으니 군사들도 썩은 게지. 썩어 빠진 것들!"

정말이었다. 윗물이 맑아야 아랫물이 맑다는 말도 있듯이, 정부나 지방의 높은 벼슬아치들이 백성들을 돌보지 않고 가렴주구를 일삼았기 때문에 나라를 지키는 군대마저도 그렇듯 썩어 있었던 것이다. 감영군은 전투를 하러 가는 동안에도 민가를 덮쳐 재물을 빼앗았으며, 심지어는 얼굴 반반한 여자들을 잡아다 남자 옷을 입히고는 전쟁터까지 끌고 가서 노리개로 삼았다. 그래서 감영군의 시체 중에는 여자가 여럿 섞여 있는 게 확인되었다. 이런 군사, 이런 정신으로 무슨 전쟁을 할 것인가. 황토재의 전투는 싸움이 시작되기 전에 이미 승패가 판가름 나 있었던 것이다.

첫 전투의 대승으로 농민군의 사기는 하늘을 찌를 듯했다.

"전 대장은 하늘이 내신 어른일세."

"이를 말인가. 녹두장군은 세상을 구하러 오신 미륵님 아니신가."

전봉준에 대한 농민군의 믿음은 높아만 갔다.

"여러분, 수고하셨습니다. 지금도 신식 양총이 무섭습니까? 양총도 별것 아니지요? 총알에도 눈이 있지요? 우리를 비켜 가지요?"

전봉준이 슬쩍 농담을 던졌다. 군사들의 긴장과 피로를 풀어 주려는 뜻이었다.

"예!"

소리를 합친 농민군의 함성 같은 대답이 적의 피로 물든 황토재를 뒤흔들었다. 그 힘찬 대답은 다음 전투에 대한 군사들의 자신감의 표시이기도 했다.

황토재 전투.

그것은 죽창으로 신식총을 이긴, 그야말로 완벽한 작전의 승리였다.

황토재 전투의 통쾌한 승리로 전봉준과 농민군에 대한 소문은 꼬리에 꼬리를 물어 삽시간에 세상을 발칵 뒤집어 놓았다. 백성들은 마치 자신이 그 승리의 주인공인 양 벌겋게 흥분했다.

"녹두장군은 장차 조선을 맡아 우리 농민들의 세상을 만드실 거네."

"여부가 있나. 그분이 바로 인간으로 환생하신 미륵님인걸."

"그 말이 맞아요. 녹두장군이 써 준 부적을 등에 붙이면 총알을 맞아도 죽지 않고, 또 총알이 피해 간답니다."

"일곱 살 신동과 열네 살 신동은 또 어떻고? 신동들이 하늘에서 내려와 녹두장군을 좌우에서 돕는다 하질 않는가."

"이러고 있을 게 아니라 우리도 가서 녹두장군을 도웁시다. 동학에서도 후천개벽이 되면 양반 세상이 무너지고 우리 농민들 세상이 온다고 하질 않던가요? 가서 장군을 도웁시다."

전봉준은 이제 민중들의 영웅이요, 신이 되어 있었다.

그리고 황토재 싸움의 승리가 뜨거운 바람을 일으켜 나라 안 농민들의 마음은 새 세상을 염원하는 바람으로 하나가 되어 가고 있었다. 물론 그 열풍의 중심지는 전봉준이었다.

12. 총알이 비켜 간다, 황룡촌 전투

전봉준은 황토재에서 거둔 승리의 여세를 최대한 활용하는 것을 잊지 않았다. 정읍천에서 피 묻은 창과 칼을 씻게 한 다음, 곧바로 정읍으로 쳐들어가 관아를 점령했다.

이어서 그 다음 날인 8일에는 흥덕과 고창 점령.

9일, 무장 점령.

12일, 영광 점령.

16일, 함평 점령.

마치 폭죽 터지듯, 그야말로 파죽지세였다.

전봉준이 곧바로 전주성으로 진격하지 않고 이렇게 말머리를 남쪽으로 향하고 있는 까닭은 무엇일까. 그것 역시 전략이었다.

첫째, 전주성에는 이미 홍계훈이 이끄는 정부군이 들어가 있었다. 농민군의 사기가 아무리 높다 하나, 전주성은 전라도 지역 전체를 다스리는 감영과 군영이 있는 곳인 만큼 공략이 쉽지 않을 터였다. 그리고 비록 빼어난 작전의 힘으로 황토재 전투에서 승리를 거두었다고는 하지만, 신식 무기와 대포로 무장한 정부군에 비해 농민군의 무기는 너무나 보잘것없었다. 신식 무기의 위력 앞에 농민군이 겁을 먹고 흐트러지기라도 한다면 큰일이라는 판단이었다.

둘째, 전라도 일대를 장악함으로써 농민군의 기세를 보여 더 많은 농민들을 끌어들이자는 속셈이었다. 그리고 종교적인 문제에만 얽매어 있을 뿐 농민 혁명에 전혀 관심을 보이지 않고 있는 최시형의 북접이 언젠가는 호응해 올 것으로 기대하면서 바람을 일으키려는 것이었다.

셋째, 전주성에 주둔하고 있는 홍계훈의 움직임을 살펴보면서, 정부군을 전주성 밖으로 끌어내어 치자는 작전이었다.

농민군이 이렇게 전라도 일대의 군현들을 속속 휩쓸어 가고 있을 때, 4월 7일에 전주성에 들어간 홍계훈은 성 밖으로 나갈 엄두를 못 냈다. 농민군의 엄청난 기세에 눌린 것이었다. 열흘이 넘도록 성문을 굳게 닫아걸고 안에만 박혀 있으면서 정부에 증원군을 요청했다.

홍계훈은 정부의 증원군을 기다리며 전주성에 머무르는 동안 엄청난 실수를 저지른다. 김시풍과 정석희를 처형한 것이다.

김시풍은 전주 사람으로서 무용이 뛰어나 여러 차례 공을 세운 전주 병영의 장교였다. 홍계훈이 양호 초토사로 임명을 받을 때 그와 더불어 초토사 후보에 올랐을 만큼 능력이 뛰어난 인물이었다. 정석희 역시 호남의 걸출한 무인이었으며 전라 감영 장교 중 우두머리였다. 이들은 농민군이 가장 두려워하는 사람들이었는데, 홍계훈은 그들에게 농민군과 내통했다는 죄목을 씌워 처형해 버린 것이었다. 그들의 재능을 시기하여 스스로 자신의 오른팔과 왼팔을 잘라 버린 셈이었다.

한편 양호 초토사 홍계훈의 증원 요청을 받은 정부에서는 강화도 수비병인 총제영 병사 4백 명을 뽑아 황헌주로 하여금 이끌고 내려가게 했다. 그리고 전라 감사 김문현을 파면시키고, 김학진을 새로운 감사로 임명했다. 농민들을 달래 보려는 인사 조치였으나 그것은 더 이상 먹혀들지 않았다.

정부에서 증원군을 내려 보내자 홍계훈은 더 이상 성안에만 박혀 있을 수가 없었다. 4월 18일, 마침내 정부군을 이끌고 영광을 향해 느릿느릿 행군했다. 홍계훈은 애당초 농민군과 맞서 싸울 의사가 없는 사람처럼 보였다. 전주에서 영광까지 이틀이면 충분할 거리를 나흘이나 걸린 21일에야 도착했다. 마치 농민군의 뒤를 느릿느릿 따라다니는 꼴이었다.

그런데 홍계훈은 전주를 출발하면서 또 하나의 엄청난 실수를 저지른다. 우리나라의 군대만으로는 도저히 농민군을 제압할 수가 없으니 청나라 군대를 청해 오자고 정부에 건의를 한 것이었다. 그것은 지금까지 농민군과의 전투를 피해 온 자신의 비겁한 행동에 대한 변명 겸, 또 앞으로 농민군에게 졌을 때를 대비한 교활한 수작이기도 했다. 그러나 홍계훈, 그는 알고 있었을까. 그것이 장차 청·일 양국의 내정 간섭은 물론 우리 땅이 그들의 주도권 확보를 위한 전쟁터가 되며, 일본에게 무서운 시달림과 고통을 받게 되고, 나아가서는 일본에게 나라를 빼앗기게 되는 엄청난 비극의 씨앗이 된다는 사실을.

홍계훈의 정부군이 영광으로 향하고 있을 무렵, 전봉준은 이미 그 정보를 파악하고 다음 작전을 펼쳤다. 18일에 나주 목사 민종렬에게 통문을 보내 의중을 떠 본 다음, 19일에는 함평에서 글을 띄워 홍계훈의 각성을 촉구했다.

네가 여기에 와서 무엇을 하겠는가. 임금의 은총과 군대의 위세를 믿고 다만 평민을 괴롭힐 뿐이니 이것이 어찌 장수의 도리인가. 더구나 우리의 반간계에 빠져 용장 김시풍과 정석희를 죽였으니, 네가 어찌 장수의 지략을 아는 자라고 하겠는가. 너에게는 지금 두 가지의 길이 있으니 하나는 도망하여 목숨을 구하는 것이요, 다른 하나는 도망가지 않아 죽음을 당하는 것뿐이다. 두 가지 길 중에서 알아서 선택하라.

이런 글이 홍계훈에게 먹혀들 리는 없지만, 그래도 홍계훈의 마음을 어지럽게 하고 사기를 떨어뜨리는 데 큰 역할을 했음에 틀림없다.

정부군이 영광에 도착할 즈음, 전봉준은 농민군을 나주와 장성으로 나누어 진격시켰다. 홍계훈의 정부군을 분산시킬 목적이었다. 전봉준은 본진을 장성 쪽으로 돌리고, 나주 쪽으로는 정부군을 영광에 묶어 둘 정도의 군사만 내려 보냈다. 이것은 또한 농민군이 나주 목사 민종렬의 완강한 방어에 묶여 남하하는 정부군과의 협공에 빠질 수 있는 우려에 대한 대비이기도 했다.

4월 21일, 농민군의 주력 부대는 장성에 이르러 월평삼봉 밑에 진을 쳤다.

농민군의 사기는 하늘을 찌를 듯 높았지만, 정작 전봉준은 심각한 고민에 빠져 있었다. 그것은 농민군의 심리 상태와 무기의 열세 때문이었다.

'감사가 보낸 감영군과는 잘 싸웠는데, 임금이 보낸 군대와도 그렇게 싸워 줄까?'

당시의 백성들은 그들의 삶을 도탄에 빠지게 한 민씨 일파나 썩은 관리들은 미워했으나, 임금을 원망하거나 거역한다는 것은 감히 생각도 못하고 있었다. 그들에게 임금은 하늘이요, 나라의 주인이었으며 아버지와도 같은 존재였다. 그러므로 정부가 아무리 잘못을 저질러도 그것은 곁에서 임금을 보좌하는 관리들의 잘못이라고만 생각하고 있었던 것이다. 그런데 임금이 보낸 정부군을 상대로 싸운다는 것은 바로 임금을 상대로 싸우는 것과 마찬가지이기 때문에 농민군이 꺼려 할 것이라는 게 전봉준의 우려였다.

'그런 마음을 없애려면 정부군과의 첫 전투에서 반드시 이겨야 한다. 그런데 우리의 무기가 워낙 열세이니······.'

전봉준이 골머리를 앓고 있을 때 찾아온 사람이 있었다. 장흥에서 농민군을 이끌고 올라온 동학 접주 이방언이었다. 이방언은 나이가 56세로서 전봉준보다 16세나 위였으나 젊은이들 못지않게 혈기왕성

하고 용맹스러웠다. 순천에서 온 14세 소년 용사 이복용과 더불어 농민군들의 사랑과 존경을 한 몸에 받고 있었다.

"장군, 장태를 쓰면 어떨까요?"

"장태? 장태가 무엇입니까?"

"우리 마을에서는 닭장태를 만들어 닭을 기릅니다."

"닭?"

전봉준은 실소를 했다. 전장의 진중에서 웬 닭이란 말인가. 그러나 이방언의 설명을 듣는 동안 얼굴이 점점 밝아지더니 나중에는 무릎을 탁 쳤다.

"좋습니다! 이번에는 장태로 싸웁니다. 홍계훈의 경군을 무찌르는 것은 이제 시간 문제입니다."

전봉준은 즉시 이방언에게 장태를 많이 만들게 했다.

4월 23일, 인천에서 기선을 타고 내려온 황헌주의 부대는 법성포에 도착하여 홍계훈의 부대와 합류했다. 그리고 이날, 홍계훈에게 공격 명령을 받은 대관 이학승은 3백 명의 군사와 함께 장성에 도착했다.

이학승은 농민군의 진영을 탐색하기 위해 군사를 이끌고 영광과 장성 사이에 있는 신현고개로 올라갔다. 황룡강 건너편의 황룡촌 월평 장터에 농민군이 구름처럼 모여 있는 것이 눈에 들어왔다. 농민군은 점심 식사를 하고 있었다.

'아차! 사면초가라더니 사면이 적이로구나!'

농민군의 엄청난 기세에 놀란 이학승은 그들이 먼저 공격해 올까

두려웠다.

"선공이다. 발포 준비, 발포!"

정부군의 쿠르프식 야포가 천지를 진동하는 소리와 함께 불을 뿜었다. 포탄은 점심을 먹고 있는 농민군 진영의 한복판에 떨어졌다. 농민군 사오십 명이 순식간에 쓰러졌다.

"적이다! 월평삼봉으로 후퇴하라!"

느닷없는 기습 공격에 당황한 농민군은 허둥지둥 월평삼봉으로 후퇴했다.

"적은 오합지졸이다. 공격!"

농민군이 정신없이 도망치는 것을 보고 정부군은 대포를 펑, 펑 터뜨리고, 회전식 기관총과 모제르식 소총을 콩 볶듯 쏘아 대며 뒤를 쫓았다. 그러나 농민군은 이미 전봉준과 지휘관들의 지시를 받아 전열을 가다듬고 오히려 그들을 기다리고 있었다.

농민군은 학익진을 펼쳤다. 월평삼봉을 중심으로 마치 학이 날개를 펼친 것처럼 대형을 넓게 벌리고 정부군을 에워싸듯 한 진이었다.

"등에 부적을 붙이세요. 적의 총알이 비켜 갑니다."

전봉준은 미리 나누어 주었던 부적을 붙이게 했다. 농민군에게 자신감을 주고 포격이나 총격에 대한 두려움을 없애 주기 위해서였다.

"장태 부대, 출동 준비!"

전봉준의 명령이 떨어지자 장태 수십 개가 나타났다.

장태. 이것은 일종의 장갑차로서, 이 희한한 신무기를 고안해 낸 사람은 바로 장흥의 동학 접주 이방언이었다. 대나무로 만든 닭장태를 본떠서 방어용 무기로 개발해 낸 것이었다.

닭장태는 원래 밤에 닭들을 살쾡이 같은 짐승들의 습격으로부터 보호하기 위하여 대나무로 큰 북통처럼 얽어 만든 것이다. 이 닭장태를 보통의 장태보다 훨씬 크게 만들어, 그것을 굴리고 가면서 그 뒤에 숨어 총을 쏘는 것이다. 물론 적의 총알은 단단하고 매끄러운 대의 껍질 때문에 옆으로 튕겨 나간다. 전봉준의 말처럼 총알이 비켜 가는 것이다.

"모두 앞 옷깃을 입으로 물고 엎드려서 장태를 굴리세요."

이것은 허리를 펼 수 없는 자세에서 오직 앞으로만 달리게 하려는 전봉준의 전술이었다.

"장태, 출동! 공격!"

공격 명령이 내려졌다. 곧 장태 수십 개가 적을 향해 굴러가기 시작했다.

"앗! 저게 뭐냐?"

"괴물이다. 총을 맞아도 계속 굴러 온다."

정부군은 장태의 출현에 얼이 빠지고 말았다. 총을 아무리 쏘아 갈겨도 총알이 핑핑 옆으로 튕겨 나가고, 오히려 괴물 뒤에서 농민군의 총알이 빗발처럼 쏟아져 나오는 것이었다.

"전봉준이 총알을 비켜 가게 하는 도술을 부린다고 하던데, 그 말이 정말일까?"

"정말인 것 같네. 저것 좀 봐. 총알이 튕겨 나가질 않는가."

겁에 질린 정부군은 한 걸음 한 걸음 뒤로 물러서기 시작하더니, 잠시 후 걸음아 나 살려라 도망을 치기 시작했다. 이와 함께 학익진을 편 농민군들이 삼면에서 일제히 총공격을 시작했다.

정부군은 순식간에 풍비박산이 나고 말았다. 삼면에서 공격해 내려오는 농민군의 무서운 기세에 눌려 정신없이 도망을 쳤으나 끝내 황룡강 언덕에서 몰살을 당했다. 대관 이학승도 패잔병 몇과 함께 달아나다가 신호리에서 농민군을 만나 그들의 칼 아래 목숨을 잃었다.

이 전투가 바로 황룡촌 싸움이다. 적의 우수한 신식 무기의 화력을 장태로 막아 내며 싸움을 승리로 이끈 것이었다. 농민군은 적 3백 명을 죽이고, 쿠르프 야포 1문과 회전식 기관총 1문, 그리고 신식 양총 100여 정을 빼앗는 엄청난 전과를 올렸다. 농민군의 사기가 오를 대로 오른 것은 말할 필요조차 없다. 그러나 전봉준이 무엇보다 가장 다행스럽게 생각한 것은 농민군이 이제 정부군과 싸우기를 꺼리거나 두려워하지 않게 되었다는 점이었다.

'이제는 전주다.'

전봉준의 눈은 이글이글 타올랐다.

13. 전주성을 손안에

전주성은 서울 진격을 위한 가장 확실한 근거지였다. 싸움에서 이기고, 농민들을 위한 새 세상을 이룩하기 위해서는 반드시 확보해야만 할 거점이었다.

황토재 전투에 이어 황룡촌 전투에서 두 번째의 통쾌한 승리를 거둔 전봉준은 이제 더 이상 머뭇거릴 필요가 없었다. 곧바로 군사를 이끌고 4월 26일에 전주성의 바로 턱밑인 삼천에 이르렀다.

삼천은 만경강이 전주 쪽으로 꺾어지다가 다시 남쪽으로 굽이도는 곳이다. 여기서 용머리고개까지는 3㎞, 전주성까지는 4㎞ 남았다. 전봉준이 꿈에도 그리던 전주는 이제 코앞이었다.

전봉준은 전주성 안에 심어 놓은 정보원들을 불렀다.

"전주성의 수비 책임자는?"

"신임 감사 김학진은 아직 부임하지 않았고, 전 감사 김문현이 인계 인수를 위해 아직도 남아 있습니다."

"병력은?"

"감영군은 홍계훈이 모조리 끌고 나가고, 포교와 군졸만 조금 있습니다."

"내일은 전주 서문 밖 장날. 우리는 내일 서문으로 들어갑니다. 정오에 용머리고개에서 포 소리가 나면 서문을 열도록 하세요."

정보원들을 다시 전주성 안으로 들여보내고 나서 전봉준은 작전을 면밀히 검토하기 시작했다. 홍계훈이 전주성을 비워 놓은 것은 아무리 보아도 중대한 작전상의 실수였다. 그 허점을 찌르면 평소 그가 주장해 온 대로 무기에 피를 묻히지 않는 가장 좋은 방법으로 성을 손아귀에 넣을 수 있을 것이었다.

무기에 피를 묻히지 않고 이긴다.

전봉준은 전투를 벌이면서도 도의적인 면을 중시했다. 그가 '주민 속의 농민군'을 확고한 신념으로 세웠듯이 일반 군중들의 전폭적인 지지 없이는 거사를 성공할 수가 없다는 판단 때문이었다. 그래서 그는 적과 싸울 때 무기에 피를 묻히지 않고 이기는 것을 으뜸으로 삼았고, 부득이 싸우더라도 인명을 해치지 않는 것을 높이 여겼으며, 군대가 지나는 길에 사람과 가축을 해치지 않았고, 충신이나 효자로 이름난 사람이 살고 있는 마을은 피해를 주지 않기 위하여 10리 안에 군사를 주둔하지 않았다. 그와 함께 12개 조의 행동 규칙을 정하여 엄격히 지키도록 했다.

1. 항복한 자는 대접하라.
2. 곤궁한 자는 도와 주라.

3. 욕심 많은 자는 내쫓아라.
4. 순종하는 자는 존중하라.
5. 굶주린 자는 먹이라.

6. 간사한 자는 없애라.

7. 도망가는 자는 쫓지 말라.

8. 가난한 자는 구해 주라.

9. 거역하는 자는 달래라.

10. 병자에게는 약을 주라.

11. 불효자는 죽이라.

12. 불충한 자는 없애라.

 이 12개 조의 행동 규칙은 농민군뿐만 아니라 많은 백성들에게서 절대적인 지지를 받았다. 그래서 전주성의 바로 턱밑인 삼천까지 오는 동안에도 수많은 주민들의 열띤 환영과 도움을 받았으며, 농민군에 들어오려는 사람들의 행렬이 끊이질 않았던 것이다.

 '전주성은 이제 우리의 손안에 들어온 것이나 다름없다. 농민군의 모든 세력이 집결되면……'

 용머리고개에 올라 전주성을 한눈에 굽어보는 전봉준은 꿈에 부풀었다. 전주성을 점령하면 서울 진격을 위한 확실한 거점을 확보하게 되고, 그만큼 농민 세상 건설이라는 염원이 현실로서 한 걸음 더 눈앞에 가까이 다가오게 되는 것이었다.

 '어제 일은 잘 처리한 것이다.'

 전봉준은 스스로 그렇게 생각하려고 애를 썼다. 그는 어제 원평에서 왕의 윤음(임금이 신하나 백성에게 내리는 말)을 가지고 온 이효응과 배은환을 여러 사람들이 보는 앞에서 죽였다. 또 정부에서 관군을 위로하기 위해 보낸 내탕금을 가지고 온 선전관 이주호와 수행원 2명을 잡아 함께 죽였다. 전쟁에서 사신을 죽이는 일은 사실 비인도적이고 비겁한 짓이라는 것을 그는 알고 있었다. 그러나 정부를 상대로 한 단호한 투쟁 의지를 전 농민군에게 다시금 확인시켜 주기 위하여 그런 조치를 취했던 것이다.

'홍계훈은 싸울 의지가 없다. 성안에는 우리를 지지하는 백성들과 관원들이 기다리고 있다. 그런데 무엇이 두려우랴.'

4월 27일.

전봉준은 마침내 전주성 공격 명령을 내리기로 결심했다.

한편 홍계훈은 황룡촌 전투에서 패배한 뒤, 농민군이 정읍으로 향했다는 보고를 듣고도 영광에 진을 친 채 머물러 있었다. 그리고 25일에야 느릿느릿 영광을 출발하여, 27일 농민군이 전주성을 한창 공격하고 있을 때 비로소 원평에 이르렀다. 전봉준이 간파한 대로 싸울 의사가 전혀 없었던 것이다. 정부군은 농민군과의 전투보다는 오가는 길에 민가를 덮쳐 약탈하는 데 더 열을 올리고 있었다.

홍계훈과 정부군이 그러고 있을 때, 호남 제일의 성인 전주성은 역사상 그 유례가 없는 운명을 맞이하고 있었다. 주인 노릇을 하던 관리들이 도망을 치고, 관리들의 학정 밑에서 억압받고 박해당하던 농민들이 새 주인이 되는 순간을 바로 눈앞에 두고 있었던 것이다.

농민군이 용머리고개에서 일자진을 펼치고 공격 명령이 내려지기만을 기다리고 있을 무렵, 전주성 안에서는 거리를 지나는 사람들끼리 은밀한 눈빛이 오가고 있었다. 그리고 그것은 서문 밖 장터에서도 마찬가지였다.

"고생하십니다. 시천주 조화정 영세불망 만사지."

"시천주 조화정 영세불망 만사지."

동학의 열석 자 주문을 암호처럼 외우는 사람들은 농민군의 정보원이거나, 농민군을 지지하여 그들과 내응하는 사람들이었다.

"아십니까? 오늘 정오입니다."

"예, 오늘 정오."

그들은 무언가를 기다리고 있었다.

이윽고 장터 사람들의 그림자가 한 자도 못 되게 짧아졌다. 정오가 된 것이었다.

돌연 용머리고개에서 대포 소리가 터졌다.

"이게 무슨 소린가?"

"또 난리가 난 게 아닐까요?"

장꾼들은 전쟁을 예감했는지 우왕좌왕하면서 아우성을 치기 시작했다. 서문 밖 시장은 삽시간에 말 그대로 난장판이 되고 말았다. 성문을 지키던 군졸들도 무슨 영문인지도 모르는 채 장터로 몰려갔다. 그 바람에 성문 입구는 텅 비게 되었다. 장꾼으로 가장한 농민군들은 그 기회를 놓치지 않았다. 우르르 성안으로 몰려 들어가고, 안에 있던 정보원들과 내응자들이 합세하여 성문을 열어젖혔다.

"농민군이다!"

"농민군이 쳐들어왔다!"

군졸들은 농민군이라는 말만 듣고도 놀라서 혼비백산하여 도망을 치고 말았다. 그래서 용머리고개에서 달려온 전봉준의 농민군은 피 한 방울 흘리지 않고 성안으로 들어갈 수가 있었다. 농민군은 성으로 진격하면서 또 한 번 치를 떨어야 했다. 성벽 밖의 집 가운데서 천여 채나 불에 타 시커먼 재로 변하여 있는 것이었다. 농민군이 성을 공격할 때 집 뒤에 숨어서 총을 쏠까 봐 김문현이 군졸들을 시켜 불을 질러 버린 것이다. 김문현 같은 관리들에게 백성들의 생명이나 집 따위는 전혀 관심 밖의 일이었던 것이다.

김문현은 농민군의 함성을 듣고는 기겁을 했다. 급히 판관 민영승과 영장 임태두에게 군졸을 모아 농민군을 막도록 했다. 그러나 사기가 땅에 떨어진 소수의 병력으로 어찌 농민군의 강물과도 같은 도도한 흐름을 당해 낼 수가 있으랴. 너나없이 무기를 내던지고 흩어져 도망을 치고 말았다.

마침내 전주성에 농민군의 깃발이 꽂혔다. 호남 최대의 관문이자 심장부인 전주성의 점령은 조선 정부의 간담을 서늘하게 하는 농민군 최대의 승전이었으며, 그 뒤로 집강소 설치와 폐정 개혁안 실시 등의 커다란 성과를 보장받는 농민 전쟁 중의 최대의 전과였다.

선화당의 높은 마루에 올라선 전봉준의 얼굴은 붉게 상기되어 있었다. 흰옷에 흰 갓을 쓴 그의 모습은 위풍당당했다. 비록 체구는 작았지만 거기서 뻗어 나오는 무형의 힘에 의하여 마치 커다란 산이 버티고 서 있는 것 같았다.

"여러분! 우리가 왜 일어났습니까?"

뜨겁고 카랑카랑하던 목소리가 오늘은 왠지 조금 쉬어 있는 듯했다.

"이 나라가 여러분을 위하여 무엇을 했습니까? 탐관오리들의 착취는 여러분의 주린 배를 더욱 힘하게 조여 매게 했고, 섬 오랑캐와 서양 오랑캐들이 이 땅을 마치 그들의 놀이터인 양 제멋대로 날뛰고

있는 실정입니다. 그런데도 나라의 관리들은 지금 무엇을 하고 있습니까? 차마 눈을 뜨고 볼 수가 없어서, 더 이상은 두고만 볼 수가 없어서 우리 농민군이 일어났습니다. 우리들은 오로지 이 나라를 바로 세우고, 나라를 돕기 위하여 일어났습니다. 그러므로 여러분들에게는 머리카락 한 올만큼의 피해도 주지 않을 것입니다. 모두 안심하시고, 생업에 충실해 주시기 바랍니다."

환호성이 올랐다. 전주성의 민중들은 전봉준과 농민군을 쌍수를 들어 열렬히 환영했으며, 새 세상을 만난 듯이 얼굴에 희색이 돌았다.

전봉준은 선화당에 지휘 본부를 정하고, 농민군을 나누어 성의 네 대문을 지키게 했다. 그리고 무기고를 열어 무기를 확보하는 한편, 농민군들에게 초여름 날씨에 알맞은 군복을 새로 지어 입히는 등 다음 전투 준비에 만전을 기했다.

14. 전주 화약

홍계훈은 전주성이 함락된 하루 뒤에 용머리고개에 도착했다. 그는 내심 크게 당황하고 있었다. 농민군과 맞서 싸우기도 두려웠지만, 전주성을 빼앗긴 데 대한 정부의 문책 또한 두려웠다. 전주성은 조선 왕실의 본관지로서 태조의 위패와 영정을 모신 경기전이 있는 성지였다. 결코 빼앗겨서는 안 될 곳이었다. 그런데 이런 전주성을 빼앗겼으므로 아무리 농민군에게 겁을 먹은 홍계훈이지만 더 이상 수수방관하고 있을 수만은 없었던 것이다.

홍계훈은 완산, 다가산, 사직단, 유연대 등의 주변 산과 골짜기를 연결하여 진을 치고 대포를 배치했다. 이때 정부군은 양호순변사로 임명된 이원회가 이끌고 온 강화·청주의 군사들이 합세하여 1천5백여 명이었다.

마치 시험하듯 몇 발의 대포를 쏘아 보고, 농민군과 티격태격 소규모의 전투를 벌이던 정부군이 마침내 본격적인 움직임을 보인 것은 5월 1일이었다. 홍계훈은 성안 사정도 살필 겸 아침 일찍 효유문을 뿌렸다. 효유문이란 적을 타일러 귀순하게 하려는 글로서, 그 내용은 다음과 같다.

슬프다. 너희들은 모두 국가의 선량한 백성이거늘 전봉준의 거짓 수작에 속아 용서받기 어려운 죄를 저질렀으니 가엾을 뿐이다. 너희들이 그 동안 저지른 죄는 헤아릴 수 없을 정도로 많고, 심지어는 임금의 윤음을 가지고 간 관리들을 죽이기까지 했으니, 스스로 대역무도한 죄인이 된 셈이다. (중간 줄임) 전봉준을 잡아다 바치는 자는 위에 보고를 올려 상을 내리고, 모든 죄를 용서하여 주겠다.

이런 효유문이 성안에 날아들자 전봉준은 단호한 조치가 필요하다고 느꼈다.

'농민군들은 착하고 순진해서 마음이 동요될지도 모른다. 적군이나 아군의 마음에 쐐기를 박아 두어야 한다.'

전봉준이 공격 명령을 내리려 할 즈음, 정부군의 포탄이 성안으로 날아들었다. 무차별 포격이어서 농민군보다는 애꿎은 백성들이 더 많이 죽고 다쳤다.

"하늘 무서운 줄 모르는 놈들. 죄 없는 백성들과 어린아이들까지 다치게 하다니……. 완산 주봉을 공격합시다. 가서 홍계훈을 잡읍시다. 공격!"

오전 10시쯤 농민군은 남문을 열고 나가 완산 주봉을 향해 물밀 듯이 돌진했다. 전봉준은 군사를 남·북 2대로 나누어 남쪽 1대는 곤지산 서쪽 벼랑의 골짜기에서 공격했고, 북쪽 1대는 검두봉에 진을 친 정부군을 공격했다. 검두봉에 진을 친 정부군의 본영을 때려 부술 계획이었다.

매곡을 경계로 위봉과 검두봉 사이에서 일대 접전이 벌어졌다. 이번 싸움은 지형이 농민군에게 크게 불리했다. 농민군은 위를 올려다보며 공격을 해야 했고, 정부군은 참호를 파고 그 안에 숨어서 아래를 보며 총과 포를 쏘아 댔기 때문에 농민군은 그만큼 힘겨운 싸움을 해야만 했다. 사상자가 속출했다. 그러나 농민군은 포탄과 총알이 비 오듯 쏟아지는 가운데도 죽음을 두려워하지 않고 위로 위로 공격해 올라갔다.

"시천주 조화정 영세불망 만사지."

농민군은 탄환을 막아 준다는 부적을 등에 붙이고, 입으로는 동학 주문을 소리 높여 외치면서 수십 명씩 무리를 지어 가파른 산기슭을 기어올랐다. 인해전술이었다. 지형과 화력의 우세함에도 불구하고 죽음을 두려워하지 않는 농민군의 공격 앞에 정부군은 마침내 뒤로 밀리기 시작했다.

"적이 밀리고 있다. 공격! 공격!"

농민군을 지휘하는 장수들의 목소리는 피를 토하는 듯했다. 그리고 농민군들의 공격은 더욱 치열해졌다. 싸움이 치열해질수록 양군의 시체가 매곡의 골짜기를 메웠고, 전주천은 피로 붉게 물들어 갔다. 농민군들은 조금 전까지만 해도 정다운 전우였던 사람들의 시체를 눈물을 뿌리며 타고 넘으면서 검두봉에 바싹 다가갔다. 검두봉 점령을 바로 눈앞에 둔 그때,

"적의 응원군이다!"

하고 농민군들 가운데서 누군가가 다급한 소리로 외쳤다. 후방인 완산에 머물고 있던 강화도군이 싸움을 거들기 위해 달려오고 있었다.

"분하다!"

농민군은 이를 갈았다. 그러나 앞뒤에서 적의 공격을 받게 되었기 때문에 더 이상 싸움을 계속할 수가 없었다. 더구나 총 가진 군사들의 탄환이 이미 바닥나 있었다.

"일단 후퇴."

농민군은 수많은 전우들의 시체를 남겨 놓은 채 성안으로 돌아갈 수밖에 없었다.

5월 2일, 정부군은 많은 사상자를 낸 어제의 전투에 대한 보복이라도 하듯이 완산 위에서 쿠르프 야포와 선회포로 포격을 가했다. 그러나 포탄은 성안보다는 서문과 남문 밖의 민가에 떨어져 죄 없는 그곳 백성들이 수없이 죽고 다쳤다. 정부군은 농민군이고 일반 백성이고를 가리지 않고 무차별 포격을 가했던 것이다.

무차별 포격을 가함으로써 실컷 분풀이를 하고 난 홍계훈은 그래도 농민군이 추호의 흐트러짐도 보이지 않자 초조해졌다. 순창과 담양에 전령을 보내 포군 3백 명을 4일까지 급히 보낼 것을 명령하고, 금구·

태인·김제·고산·익산·임실 등에도 증원군을 배당하여 보내게 했다.

이 정보가 들어오자 전봉준은 증원군이 도착하기 전에 정부군을 공격하기로 결정했다. 5월 3일, 전봉준은 직접 농민군을 이끌고 전주성을 나섰다.

"누가 선봉장으로 나서겠습니까?"

전봉준의 말이 채 끝나기도 전에,

"제가 가겠습니다."

아주 앳된, 그러나 다부진 목소리가 농민군들의 귀를 때렸다. 순천에서 올라온 14세 소년 장사 이복용, 농민군들에게 신동으로 불리는 바로 그 소년이었다.

"이 동지가?"

전봉준은 잠시 망설였다. 이복용이 용감하고 농민군들에게 사랑과 존경을 한 몸에 받고 있는 것이 사실이지만, 아무래도 생사를 알 수 없는 이런 전투에서 선봉장으로 내보내기에는 나이가 아직 너무 어렸다.

전봉준이 망설이는 빛을 보이자 이복용은 떼를 썼다.

"닭 잡는 데 소 잡는 칼을 쓸 필요가 어디 있겠습니까? 제가 가겠습니다. 자신 있습니다."

전봉준은 결심을 했다. 나라를 구하는 데 애 어른이 따로 없을 터였다. 더구나 이복용은 비록 어리지만 농민군의 절대적인 사랑과 존경

을 받고 있었다. 그가 선봉장으로 나서면 사기가 크게 오를 것이 분명했다.

"좋습니다. 선봉장은 이복용입니다."

전봉준은 화끈하게 결정을 내렸다.

소년 장사 이복용이 선봉장이 되어 싸움터를 향해 나간 농민군은 사마교에서부터 멀리 서쪽의 최고봉인 유연대에 이르기까지 거대한 인간 사슬이 되어 완산의 정부군을 에워싸듯 공격했다. 농민군의 엄청난 위세에 놀란 유연대의 정부군은 진지를 버리고 남쪽으로 도망쳤다. 농민군은 이들을 추격하여 다가산도 쉽게 점령했다. 이제 남은 것은 홍계훈의 본영을 공격하는 일. 유연대와 다가산을 점령함으로써 홍계훈을 도울 수 있는 응원군의 싹을 미리 잘라 버린 것이었다.

농민군은 여세를 몰아 홍계훈의 본진을 향하여 육박해 들어갔다. 그러나 정부군의 반격도 만만치 않았다. 농민군의 움직임에 따라 포신을 이리저리 마음대로 움직일 수 있는 선회포와, 성능 좋은 양총을 빗발처럼 쏘아 대며 필사적인 반격을 펼쳤다.

전투는 군사의 수나 사기만으로는 이길 수 없다. 무엇보다 중요한 것은 무기의 성능이다. 정부군의 우수한 화력은 끝내 농민군을 후퇴하게 만들고 말았다. 농민군은 소년 장사 이복용과 지휘관 김순명 등 5백여 명의 사상자를 내고 전주성으로 퇴각했다. 전봉준도 왼쪽 허벅지에 총상을 입었다. 이번 싸움에서 농민군은 정부군의 본영까지 거의 점령할 뻔했지만 피해가 너무나 컸다. 정부군 역시 심각한 타격을 받아 더 이상의 추격을 포기했다.

5월 3일의 싸움으로 농민군은 술렁이기 시작했다. 정부군의 무기가 생각보다 훨씬 강하여 승리에 대한 확고한 신념이 흔들렸던 것이다. 고부의 황토재 싸움과 장성의 황룡촌 싸움에서 두 차례의 대승을 거두었으나, 정부의 주력 부대와의 전주성을 둘러싼 여러 차례의 접전에서 쉽게 이길 수 없자, 농민군은 그만 전의를 상실하고 말았다. 신동으로 떠받들던 이복용의 전사와 전봉준의 부상도 농민군의 정신 무장에 큰 타격을 주었다. 그런데다 군량도 서서히 바닥을 보이기 시작하고 있었다. 농민군은 어디까지나 정식으로 훈련을 받은 정규군이 아니라 이곳저곳에서 모여든 농민들의 집합이었다. 싸울 생각보다는 누렇게 익어 가는 들판의 보리를 보면서 집 생각으로 한숨을 짓는 사람들도 적지 않았고, 몰래 성을 빠져나가 집으로 돌아가는 사람들도 자꾸만 늘어났다. 또 지도자들 중에서 일부는 홍계훈이 뿌린 효유문의 꾐에 빠져 전봉준을 묶어다 바치고 목숨을 빌어 보려는 움직임마저 관측되었다. 모든 상황이 농민군의 전의를 상실하게 하는 쪽으로 돌아가고 있었던 것이다.

전봉준은 이러한 위기의 상황을 극복해 낼 수 있는 묘안을 짜내기 위해 고심했다.

'화약(화목하게 지내자는 약속)이다.'

오랜 고심 끝에 전봉준이 혼자 내린 결론이었다. 농민군의 전의 상실과 사기 저하도 문제였지만, 그보다 더욱 심각한 것은 청나라와 일본의 움직임이었다. 정부가 농민군을 진압하기 위하여 외국 군대를 끌어들였기 때문에 잘못하면 그들에게 침략의 빌미를 제공할 위험이 있었다.

전봉준은 지도자 회의를 열었다. 지도자들마다 의견이 분분했다. 그러나 핵심은 끝까지 싸우자는 쪽과 해산을 하자는 쪽 두 가지였다.

"여기서 물러서면 어쩝니까? 또다시 아전들에게 시달리며 죽은 목숨처럼 살란 말입니까?"

"청군과 일본군이 내려오고 있다질 않습니까. 정부군도 쉽게 이기지 못하는데 청군이나 일본군을 이길 수 있을 것 같습니까?"

"이래 죽으나 저래 죽으나 매일반. 끝까지 싸우다가 죽읍시다."

"우리 편의 사기가 땅에 떨어져 있습니다. 군사들이 집에 가서 농사 지을 생각만 하고 있으니, 이런 군사로 어떻게 싸움을 합니까?"

지도자들은 목에 핏줄까지 세워 가면서 자신의 의견을 굽히지 않았다. 그러나 대세는 해산 쪽으로 기울고 있었다.

"맹목적인 해산은 안 됩니다. 흘린 피가 너무 많습니다."

전봉준은 대세의 흐름을 읽고 단호하게 말했다.

"이미 여러분은 나를 믿고 따랐으니 나에게 맡겨 주세요."

전봉준은 손가락으로 육효 점을 쳤다.

"괘에 나오기를, 사흘이 지나 좋은 소식이 있을 거라 합니다. 나를 믿고 돌아가서 기다려 주세요."

전봉준은 동요하는 지도자들을 각자의 진영으로 돌려보내고 나서 손화중·김개남·김덕명·최경선·김도삼·정익서·이방언·송희옥 등의 핵심 지도자들과 따로 회의를 열었다. 여기에서도 갑론을박이 벌어졌지만 결론은 정부와 화약을 맺는 쪽으로 모아졌다.

'화약, 화약······.'

화약을 결심하는 전봉준의 심정은 착잡하기 그지없었다. 14세의 어린 나이로 순천에서 올라온 소년 장사 이복용의 얼굴이 떠오르고, 농민이 주인 되는 새 세상을 만들기 위하여 피를 뿌리며 죽어 간 수많은 무명 용사들의 모습이 눈앞을 어지럽혔다.

'미안합니다. 그러나 나라를 위하여 어쩔 수가 없습니다. 여러분이

흘린 피, 결코 헛되이 하지 않겠습니다.'

전봉준은 주먹을 불끈 쥐었다. 청나라와 일본은 농민군을 진압한다는 구실로 허깨비 같은 정부를 떡 주무르듯 하려 들 것이었다. 그러다가 필경은 이 나라, 이 땅을 통째로 집어삼키려 들 것이었다. 저 천인공노할 민씨 일파나 썩은 관리들을 뿌리 뽑고 나라를 바로 세우기보다는 당장 눈앞의 외적들이 더 시급했다. 그들에게 침략의 빌미를 주지 않기 위해서는 정부와의 싸움을 일단 중단할 수밖에 없었다.

'정부와 화약을 맺되, 썩어 빠진 국내 정치를 바로잡을 방안으로서 백성들의 눈에서 피눈물 마를 날이 없게 하던 폐정들에 대한 개혁의 실시를 요구한다.'

이것이 전봉준의 결론이었다.

전봉준은 곧 핵심 지도자들과 함께 폐정 개혁안을 작성했다. 그 내용은 다음과 같다.

1. 동학 교도들과 정부 사이의 묵은 감정을 풀고 여러 가지 일에 서로 협력한다.
2. 탐관오리들의 죄목을 조사하여 엄하게 벌한다.
3. 부당한 방법으로 재물을 모은 부호들을 엄하게 벌한다.
4. 불량한 유림과 양반들을 징벌한다.
5. 노비 문서를 태워 버린다.
6. 천민들의 대우를 개선하고, 백정들에게 패랭이를 쓰게 한 법을

없앤다.
7. 젊은 과부의 재혼을 허용한다.
8. 수령이 마음대로 걷던 세금은 모두 없앤다.
9. 관리 채용은 지방색을 없애고 인재 위주로 한다.
10. 일본의 앞잡이는 엄하게 벌한다.
11. 관공서나 개인에게 진 빚을 모두 탕감한다.
12. 토지는 공평하게 나누어서 농사를 짓게 한다.

"이런 요구를 들어줄까요?"

폐정 개혁안이 당시로서는 상상도 하지 못할 내용들이었기 때문에 지도자들은 걱정스런 얼굴들이었다. 그러나 전봉준은 자신 있게 말했다.

"걱정 마세요. 들어줍니다."

그것은 홍계훈과 신임 전라 감사 김학진, 양호 순변사 이원회의 마음을 이미 읽고 있었기 때문이었다.

5월 4일, 전봉준은 글을 보내 홍계훈을 넌지시 떠보았다.

옛 감사가 부린 행패와 무수한 양민을 죽인 것은 생각하지 않고 도리어 우리의 죄를 물으려 하는가. 나라를 바로잡기 위해서는 국태공(흥선대원군)을 받드는 것이 마땅하거늘 어찌 불궤(반역을 피함)라 하는가. 거병한 것을 문책한다고 죄 없는 백성들을 죽인 것이 옳은가. 눈 한번 홀긴 것도 반드시 갚는 법인데, 하물며 남의 묘를 파고 재물을 착취하는 일은 우리가 가장 미워하고 용서할 수 없는 짓이다. 해결의 실마리는 각하가 잘 생각하여 임금께 보고하는 것에 달렸다.

그리고 농민들의 피를 빨던 폐정들에 대한 개혁안을 적어 함께 보냈다.

홍계훈은 전봉준의 제의를 내심 환영했다. 전주성을 다시 찾을 뾰족한 계책도 없거니와 군사들의 군기나 사기가 엉망이었고, 전주성에 아직 합류하지 않은 농민군이 곧 구름처럼 몰려올 거라는 정보가 들어오고 있어서 불안하기 짝이 없었던 것이다. 만약 이번 싸움이 장기전으로 들어간다면 정부로부터 문책을 받을 것이 불을 보듯 뻔한 터였다. 이러지도 저러지도 못한 채 골머리를 끙끙 앓고 있던 그에게 전봉준의 화약 제의가 들어온 것은 지옥에서 부처님을 만난 격이었다. 그런 데다가 전라 감사 김학진으로부터 농민군과 협상을 해서라도 사태를 빨리 마무리 지으라는 지시가 내려왔다.

정부가 이번 사태가 빨리 해결되기를 바라는 데는 까닭이 있었다. 허약한 정부는 이미 농민군을 진압할 힘이 없었기 때문에 내 나라의 백성들을 치기 위하여 청에 원군을 요청했는데, 일본이 가만히 있지 않고 텐진조약을 내세워 대규모의 군대를 조선에 들여보낸 것이었다. 텐진조약은 1885년 4월 18일에 맺어진 일본과 청 사이의 조약으로서,

조선에 문제가 생겨 청이 출병하면 일본도 자동적으로 군대를 보낼 수 있게 되어 있었다. 양국의 군대가, 특히 일본군이 농민군을 진압하고 나면 그 이후 조선에 어떤 일이 벌어질 것이라는 건 세 살 먹은 아이도 알 만한 일이었다. 청에 원군을 요청한 것이 빈대 잡으려다 초가삼간 태우는 격이라는 것을 고종과 정부가 깨달았을 때는 이미 너무 늦어 있었다. 부랴부랴 일본군의 주둔을 막기 위하여 농민군과 협상을 해서라도 빨리 사태를 수습하라는 지시를 김학진에게 내려 보냈다.

홍계훈은 김학진과 문서를 통해 서로 상의하면서 농민군에게 타협의 조건을 부분적으로 받아들이겠다는 뜻을 보냈다. 그러나 전봉준은 폐정 개혁이 농민군의 주도 아래 수행되는 조건을 강력하게 주장했다. 그 후에 진행되는 국내외 정세에 따라 다시금 일어날 수 있는 농민군의 힘을 보존하기 위해서였다.

'이 상황을 더 이상 오래 끌 수 없으므로……'

홍계훈은 손을 들 수밖에 없었다. 전봉준이 요구하는 화약의 조건을 전적으로 받아들이기로 했다. 모든 상황이 전봉준이 바라는 대로 돌아갔던 것이다.

이렇게 해서 저 유명한 전주 화약, 즉 농민군과 정부와의 화약이 맺어졌다. 양쪽이 서로 손해를 보며 한 걸음씩 양보를 한 것처럼 보이지만 사실은 정부가 농민군에게 굴욕적으로 항복을 한, 그러므로 국민이 국가를 굴복시킨 우리 역사상 최초의 사건이라고 할 수 있겠다.

1894년 5월 7일의 일이었다.

   상황이 전봉준의 예언대로 풀리자 농민군과 지도자들은 전봉준에 대한 존경심이 더욱더 높아졌다.

   "장군! 장군은 참으로 하늘이 내리신 분입니다."

   그들은 전봉준에게 술을 올리며 머리를 조아렸다.

   "별말씀을. 이제 시작일 뿐입니다. 여기서 일단 흩어지지만, 힘을 더 길러야 합니다. 두고 보시지요. 이제 우리의 적은 일본입니다."

   전봉준의 얼굴에는 어두운 그늘이 드리워져 있었다.

15. 지방 통치의 문을 열다

　전주성을 비워 주고 태인으로 향하는 전봉준은 만감이 교차했다. 불과 며칠 전에 전주성을 점령하기 위해 수많은 농민군과 더불어 진격하던 길을, 이제는 20여 명의 직속 부대만을 이끌고 전혀 새로운 일을 독려하기 위해 되돌아가고 있는 것이었다.

　"우리가 진 것은 아니지요?"

　최경선의 얼굴에도 착잡한 심정이 실려 있었다.

　"글쎄, 반쪽의 승리라고나 할까?"

　전봉준은 최경선의 얼굴을 지그시 바라보았다. 그는 오랜 친구이자 동지인 최경선을 신뢰했다.

　"반쪽의 승리?"

　"우선 전라도만이라도 폐정이 개혁되고 농민군에 의한 지방 통치가 이루어지게 되었지 않은가. 이 불꽃이 어디 전라도만의 불꽃이겠는가. 머지않아 전국으로 번져갈 걸세."

　"우리 힘으로 지방을 다스릴 수 있을까요?"

　"가능해. 현실적으로 집강소의 힘이 더 강하지 않은가. 홍계훈과 이

원회가 서울로 돌아간 것이 무엇을 뜻하겠는가. 부패한 봉건 정부의 통치 권력이 이젠 바닥을 드러낸 걸세. 화약을 맺음으로써 명분만을 세워 놓고는, 전라도의 통치를 사실상 우리 손에 넘긴 걸세."
"김학진이 협조를 할까요?"
"김학진은 전 감사 김문현과는 달라. 탐욕스러운 자이기는 하지만, 국내외의 정세와 대세의 흐름을 읽을 줄 아는 눈이 있거든. 두고 보게. 우리의 뜻에 동조를 하게 될 터이니."
"그렇다 하더라도 왜놈들이 가만히 있을까요?"

"그것이 가장 큰 걱정거리야. 힘을 더 길러야지. 이제 우리의 가장 큰 적은 일본이지. 그들은 강적이야. 손화중이 전라 우도를 장악하여 힘을 기르고, 김개남이 좌도를, 우리가 금구현을 장악하여 힘을 모으면 물리칠 수 있을 걸세."

"충청도의 북접이 움직여 준다면……."

"그런다면 오죽 좋겠는가. 그들도 더 이상 가만히 앉아서 지켜볼 수만은 없을 걸세. 일본의 동태가 수상해지면 반드시 우리와 뜻을 같이하게 될 것일세."

전봉준은 앞으로 벌어질 상황을 눈으로 보듯 읽고 있었다. 그러는 그를 바라보는 최경선은 그에 대한 존경심이 한층 더 깊어졌.

태인으로 돌아온 전봉준은 집강소를 설치하여 지방 통치의 기초를 다져 갔다. 전주 화약의 약속대로 지방 수령의 협조를 얻어 내어 그 동안의 폐정을 개혁하고, 농민군 세력에 반대하는 양반이나 부호 세력들을 굴복시켜 나갔다. 그는 태인 이외에도 장성·담양·순창·옥과·남원·평창·순천·운봉 등지를 쉬지 않고 오가며 집강소에 힘을 실어 지방 통치를 실현시키는 데 혼신의 힘을 다했다.

집강소는 원래 지방 행정을 쉽게 처리하기 위하여 만든 보조 기구로서 면이나 리 단위에 두었던 집강에 뿌리를 두고 있었다. 그러나 전주 화약 이후의 집강이나 집강소는 농민군의 지방 통치를 위한 조직이었기 때문에 지방 행정의 보조 기구가 아니라 실질적인 권한을 가진 기구가 되었다. 감사나 군·현의 수령들은 형식적인 존재일 뿐, 실질적인 행정의 권한은 모두 집강소가 갖고 있었다. 한 예를 들자면, 정부나 감사 김학진의 공문서가 있다 하더라도 전봉준이 따로 발행한 증명서가 있어야만 그 일이 시행될 정도였다.

감사 김학진은 시국을 수습하는 길이 농민군의 집강소 운영에 맡기는 길밖에 없다고 생각했기 때문에 전봉준과 서로 긴밀히 협조를 했다. 전라도 53개 고을 가운데서 집강소 설치를 끝까지 반대한 나주 목사 민종렬을 전봉준의 요구대로 파면시키기도 하고, 얼마 뒤에 병조판서로 승진 발령이 났지만 자기가 전라도를 떠나면 모처럼 잘 돌아가고 있는 사태 수습이 어렵게 된다며 정부에 건의하여 전라 감사로 계속 남아 있기까지 했다.

집강소에서 한 일은 주로 정부와 약속한 12개 조항의 폐정 개혁을 실천하는 일이었다. 그리고 한편으로는 농민군의 힘을 더욱 강화하는 일과 다음 기병에 필요한 군량미를 비축하는 일이었다.

집강소를 설치하여 농민 스스로가 지방 자치제를 실시한 것은 비록 전라도에 한정되기는 했지만 우리 역사상 최초의 일이었다.

16. 우리나라의 가장 큰 위기가 어디에 있는가

　농민군과 정부가 화약을 맺고, 또 농민군이 지방 행정을 장악하여 폐정을 바로잡음으로써 농민 전쟁은 일단 평정이 된 것처럼 보였다. 그러자 초조해진 것은 청과 일본이었다. 청은 일본이 조선에 대한 지배권을 놓고 한바탕 힘겨루기를 꾀하고 있다는 사실을 간파하고는 전봉준에게 농민군의 완전한 해산을 요구했다. 일본과의 분쟁을 비켜가면서 조선에 대한 종주국으로서의 지배권을 지키려는 속셈이었다. 이런 속셈을 모를 리 없는 전봉준은 이를 단호히 거절했다. 한편 일본 또한 전봉준에게 일본군과 농민군이 힘을 합쳐 청군을 몰아내자고 제의를 해 왔다. 그러나 일본의 흉계를 이미 꿰뚫고 있었기 때문에 전봉준은 이 제의 역시 단호하게 물리쳤다. 그리고 여차하면 다시 군사를 일으키기 위하여 무기를 모아 농민군의 무장을 강화하는 한편, 화약을 만들고 각종 군수용품을 확보하는 등 전쟁 준비를 게을리하지 않았다.

　농민군이 전주 화약 이후 집강소를 통해 지방 행정을 바로잡고 신분의 귀천과 나이의 노소를 가리지 않는 새로운 사회 질서를 만들어

가고 있을 때, 일본은 마침내 침략의 마각을 드러내기 시작했다.

　농민 전쟁이 가라앉았으므로 청·일 양국이 동시에 조선에서 군대를 철수시키자는 청의 제의를 거절한 일본은 오히려 더 많은 군대를 파견했다. 그리고 조선 정부에 대하여 자기 나라에 유리하도록 내정을 개혁하라고 강요하다가 듣지 않자, 드디어 6월 21일에 무력으로 경복궁을 점령하고 말았다. 이리하여 6월 25일 청나라를 등에 업은 민씨 정권을 대신하여 김홍집을 수반으로 하는 친일 정권이 들어선 것이었다. 흥선대원군이 다시 정치의 현장에 등장하게 된 것도 이때였다. 대원군은 권력을 되찾기 위하여 전봉준에게 밀사를 보내는 등 많은 노력을 기울이지만 미리 계획된 일본의 흉계를 꺾는 데에는 역부족이었다. 힘이 없는 정부는 일본이 두드리는 장단에 맞추어 움직일 수밖에 없었던 것이다.

　일본은 경복궁 침범으로 조선 침략을 본격화한 다음, 드디어 그 총칼을 청나라에게 들이댔다. 6월 23일 아무런 예고도 없이 청의 군함들을 공격하여 격침시켰으며, 27일 역시 청군의 총병 섭사성의 부대를 기습 공격했다. 이렇게 전쟁을 먼저 일으킨 일본은 7월 1일에야 청에 선전 포고를 했다. 이 전쟁이 바로 청일 전쟁이다. 조선 땅이 농민 전쟁을 진압한다는 명목으로 들어온 청·일 양국의 주도권 쟁탈을 위한 싸움터가 된 것이다.

　일본은 조선에 대한 주도권을 잡을 속셈으로 그 구실을 만들기 위하여 농민군을 침으로써 농민군이 다시 군사를 일으키도록 유도했으나, 이를 간파한 전봉준이 움직이지 않자, 기습적인 선제 공격으로 청일 전쟁을 일으킨 것이었다.

　전봉준이 일본군의 경복궁 침범 소식을 들은 것은 7월 2일이었다. 집강소의 일로 남원 지방을 돌고 있을 때였다.

'올 것이 오고야 말았구나!'

전봉준의 얼굴에 깊은 시름이 어렸다. 우려하고 있던 것이 현실로 나타난 것이었다. 그는 급히 김개남을 만났다.

"우리나라의 위기가 어디에 있는지 분명해졌지 않은가."

김개남은 벌겋게 흥분되어 있었다.

"우리의 가장 큰 적은 섬 오랑캐! 당장 군사를 일으킵시다."

우리 나라의 가장 큰 위기는 어디에 있는가. 전봉준은 김개남의 생각에 천 번, 만 번 공감했다. 그것이 일본이라는 것은 이제 조선 사람이라면 삼척동자도 다 알고 있는 사실이었다. 조선을 구하려면 그들을 이 땅에서 몰아내야 했다. 그러나 전봉준은 고개를 가로저었다.

"나라 안의 일을 바로잡는 것보다 더 시급한 것이 섬 오랑캐의 군대를 몰아내는 것이라는 것은 조선 사람이라면 누구나 뼈저리게 느끼고 있는 일이오. 그렇지만 아직은 때가 아닙니다."

"그럼 이대로 당하면서 두고 보고만 있자는 거요? 전 대장, 도대체 어떻게 하자는 거요?"

"김 동지. 지금 일본은 경복궁 침범과 청일 전쟁을 일으킨 명분을 찾고 있어요. 우리가 군사를 일으키면 그 명분과 조선의 내정 개혁을 강요하는 데 대한 구실을 얻어 자기 나라의 조선 침략을 합리화하게 돼요. 왜가 청과 싸워 이기게 되면 그 다음 과녁은 누가 되겠소?"

"……."

김개남의 얼굴이 침통해졌다.

"전국 곳곳에서 의병들이 일어날 기세예요. 우선 농민들을 모아서 시국에 대한 정확한 이해를 할 수 있도록 설득시켜야 합니다."

7월 15일, 전봉준은 김개남의 동의와 협조를 얻어 남원에서 농민군대집회를 열었다. 그리고 당장이라도 일어설 듯이 분노한 농민군들을 일단 진정시켰다. 군사를 일으킬 준비를 물샐틈없이 해 나가되, 아직은 일어설 때가 아니라는 것을 역설했다. 농민들은 그 동안 여러 차례의 전투를 해 오면서 전봉준의 인품과 능력을 전적으로 믿어 왔기 때문에 그의 말에 따라 순순히 자기 고장으로 돌아갔다. 때를 기다리면서 힘을 더욱 기르려는 것이었다.

전봉준은 이어서 장성으로 가 손화중과도 만났다. 손화중은 여전히 신중론을 펼쳤다.

"우리가 군사를 일으킨 지 반 년이 되어 비록 전라도 한 도가 호응한다고 하나, 아직도 우리를 따르지 않는 무리가 많습니다. 더구나 일본군의 병력이 만만치 않아서 섣불리 기병을 했다가는 풍비박산이 날 수도 있습니다. 더 많은 군사를 모아야 합니다."

"그렇습니다. 곧 추수철이 되는데 익어 가는 곡식을 짓밟고 전쟁을 치를 수는 없어요. 그런다면 농민들의 지지를 얻어 낼 수가 없겠지요."

말은 이렇게 하면서도 전봉준은 속이 탔다. 지금은 청일 전쟁이 한창 계속되고 있는 때가 아닌가. 일본의 군사력이 분산되어 있는 이때가 그들을 칠 수 있는 가장 좋은 기회였다. 그러나 서울을 칠 수 있는 정예 부대가 아직은 부족했고, 든든한 후방의 지원군 역시 채 정비되어 있지 않은 처지였다. 더구나 북접 교단과의 갈등도 군사를 일으킬 수 없는 큰 원인이었다.

"동학은 바른 마음을 닦는 종교, 동학 교단을 이용하여 다른 나라와 전쟁을 한다는 것은 용납할 수 없는 일이다."

최시형의 북접은 농민군에게 호응하기는커녕, 나중에 농민군을 토벌하려는 움직임까지 보이게 된다.

"추수가 끝나기를 기다렸다가, 기병은 9월에 합니다. 전라 우도는 손 동지만 믿습니다."

이렇게 하여 일본을 치기 위해 군사를 일으키는 일은 9월로 미루어졌다. 전봉준은 알았을까, 몰랐을까. 이 점이 바로 농민군의 2차 기병에서 절호의 기회를 놓치게 되는 중대한 원인이 된다는 것을.

17. 다시 일어서는 농민군

　9월이 되자 농민들은 모두 추수를 마쳤다. 때를 기다리던 전봉준은 드디어 직속 부대 4천 명을 이끌고 삼례에 도착했다. 8월 17일 평양 전투에서 청을 누른 일본군의 노골적인 침략 행위를 더 이상 두고 볼 수가 없었던 것이다. 그것은 비단 전봉준뿐만이 아니라 조선 사람 모두의 위기 의식이기도 했다.
　삼례는 전라 좌도와 우도가 만나는 교통의 중심지로서 전주와는 12km 지점. 사방으로 길이 난 역촌이기 때문에 농민군을 집결시키기에 알맞은 곳이었다. 삼례에 도착한 전봉준은 직속 부하인 조준구·송일두·최대봉·문계팔·손세옥·김석원·최경선 등과 함께 기병에 대한 숙의를 거듭했다. 그리고 9월 12일, 일본군을 몰아내고 봉건 정부의 썩은 관리들을 뿌리 뽑기 위하여 농민군을 일으킬 것을 선언했다.
　전봉준은,
　"손화중 동지에게 이 편지를."
광주·나주의 손화중에게 연락을 보내고,
　"이 통문을 충청도, 경상도에."

삼남의 농민군에게
삼례로 모이라는 통문을 보냈다.

이리하여 삼례에는 전주·고창·태인·남원·금구·함열·무장·영광·정읍·김제·고부 등지에서 농민군들이 벌 떼처럼 모여들었다. 11만 명이 넘는 엄청난 군사였다. 굳이 전봉준의 통문이 아니더라도 그 동안 나라의 뜻있는 백성들 사이에는 일본에 대항하여 싸워야 한다는 기운이 이렇듯 뜨겁게 불붙고 있었던 것이다.

농민군은 다시 전봉준을 대장으로 받들고, 손화중과 김덕명에게 총지휘를 맡겼다. 1차 기병에 이어 2차 기병에서도 전봉준이 농민군의 대장이 된 것이었다.

　일본에 대항하여 무기를 들고 일어선 것은 비단 호남 지방뿐만이 아니었다. 농민군은 충청도·경상도·경기도·강원도·황해도 등 전국 곳곳에서 일어났다.

　그리고 마침내 종교의 교리에만 열중하던 충청도의 북접 교단도 들썩이기 시작했다. 그러나 최시형의 태도는 여전히 단호했다. 동학은 어디까지나 마음을 다스리는 종교라는 것이 그의 주장이었다. 최시형은 남접 측의 기병을 반란이라고 규정짓고, 남접과의 절교를 통고하는 고절문을 각 포에 돌렸다. 또 남쪽 농민군을 토벌하자는 뜻이 담긴 벌남기까지 만들어 호남의 농민군을 공격하려 했다. 이것은 일본군과

싸움을 시작하기도 전에 같은 동학 교도들끼리 피를 흘리며 싸워 스스로 무너지는 꼴이었다. 중도파의 입장에서 볼 때 그대로 두고 볼 수 없는 일이었다. 어떻게 하든 이 갈등을 풀어야 했다. 이 문제의 해결을 맡은 사람이 오지영이었다.

오지영은 김방서, 유한필과 함께 삼례에 있는 전봉준을 찾아갔다. 여기서 새삼 확인된 것은 남·북접의 대립이 농민군과 국가의 장래에 절대적으로 불리하다는 사실이었다.

"이번 전쟁은 조정을 상대로 한 싸움이 아니라 일본을 상대로 하는 싸움이에요. 지금 조선 팔도 백성들은 일본 군대를 몰아내야 한다고 아우성을 치고 있습니다. 백성들의 마음이 곧 하늘의 마음이라고 했는데, 백성들의 저 소리가 들리지 않는단 말입니까? 저 아우성은 하늘의 아우성이며 하늘의 명령입니다. 나는 동학 법소의 명령보다는 하늘의 명령을 따르겠습니다."

오지영은 전봉준의 신념에 깊이 감동했다.

"일본이 지금 우리 나라를 삼키고 있는데, 동학 교단이 나라보다 더 중요하다는 말입니까?"

전봉준의 눈은 나라와 백성을 사랑하는 뜨거움으로 활활 타오르고 있었다.

오지영은 다시 보은의 최시형에게로 가 전봉준의 의견을 세세히 설명했다.

"남·북접의 대립은 일본과 조정에게 어부지리를 주는 어리석은 일입니다. 그리고 여론이 우리에게 불리합니다. 수많은 백성들의 입이 우리를 비난하고 있고, 우리 북접에서도 남접을 따라 일어서려는 움직임이 있습니다."

사태가 이에 이르자 최시형을 비롯한 북접의 지도자들도 태도를 바꾸지 않을 수가 없었다.

"모두의 뜻이 그렇다면……."

최시형은 하는 수 없이 북접의 접주들에게 청산으로 집결하라는 명

령을 내렸다. 이때가 9월 하순, 마침내 남접과 북접의 갈등이 풀린 것이었다. 청산에 모인 북접 농민군의 수는 10만여 명. 이제 남접과 북접의 20만 대군은 보국안민의 기치 아래 나라를 구하고 일본을 물리치는 싸움의 통일 전선을 이룩하게 된 것이다.

북접의 농민군은 손병희·손천민 등의 지휘 아래 충청도 일대를 휩쓸고 다니면서 여러 고을의 관아를 점령하여 기세를 올렸다. 농민군이 일본군을 몰아내자는 창의기를 앞세우고 여러 고을을 누비고 다니는 동안 농민군의 수는 구르는 눈덩이처럼 불어났다. 당연히 사기가 하늘을 찌를 듯이 높아졌다. 북접 농민군은 한 달 동안 충청도 일대를 장악하고 난 뒤, 다시 보은 장내로 모여들어 전열을 정비했다. 논산에서 남접의 농민군과 합세하기 위해서였다.

이 무렵 전봉준이 이끄는 농민군은 서울로 진격하기 위하여 삼례를 떠나 논산에 진을 치고 있었다. 그리고 논산으로 달려온 북접 농민군과 합세하게 되었다. 북접 농민군의 총대장은 손병희였다. 마침내 남·북접의 두 총대장이 논산에서 극적으로 만나게 된 것이었다.

두 사람의 만남은 처음부터 뜨거웠다.

"여태 힘을 합치지 못한 점, 이해해 주십시오. 1차 기병 때도 함께 싸우지 못한 것을 죄송하게 생각합니다."

손병희의 사과였다.

"반갑습니다. 이제 이렇게 손을 잡았으니 무서울 것이 무엇입니까? 함께 갑시다."

전봉준의 화끈한 화답이었다.

"이해해 주시니 감사합니다. 일본군을 몰아내자는 생각은 우리 북접 농민군도 똑같습니다. 우리 땅을 지키는 데 목숨을 바칠 것입니다."

"그렇습니다. 썩은 정부, 썩은 관리들은 나라가 이 지경이 되고 보니 모두 쥐 죽은 듯이 엎드려 있지 않습니까? 누가 정말 나라의 주인인지 이제 확실하게 드러났어요. 지금 이 나라를 건질 사람은 오직 우리 농민군밖에 없습니다."

두 사람은 뜨겁게 손을 마주 잡았다.

"청이 하나 있습니다."

손병희가 전봉준에게 간절한 눈빛을 보냈다.

"청?"

"장군을 형님으로 모시고 싶습니다."

전봉준은 잠시 생각에 잠겼다. 남·북접의 두 총대장이 의형제를 맺는다면 여태 갈라져 있던 두 교단이 서로 마음을 합쳐 단결하는 데 큰 도움이 될 것이며, 그만큼 농민군의 사기 또한 높아질 것이 분명했다.

"좋습니다. 그럽시다."

전봉준은 손병희의 절을 받았다.

18. 공주 대혈전

 농민군의 대군이 서울을 치기 위해 공주로 진격하고 있다는 보고를 들은 정부는 크게 놀라고 당황했다. 허겁지겁 군사를 끌어 모았으나 모인 군사는 고작 1, 2천 명 안팎. 이런 군사로 농민군을 막아 내기란 어림없는 일이었다. 울며 겨자 먹는다던가. 친일파로 짜여진 힘없는 정부는 내 나라 백성을 치는 데 또다시 남의 나라의 힘에 기댈 수밖에 없었다. 그것도 조선을 삼키려고 호시탐탐 노리고 있는 저 섬나라 오랑캐 일본의 힘을.

 청군과의 평양 전투에서 승리를 거둔 일본군은 즉시 조선의 농민군을 치기 위한 준비를 서둘렀다. 그러나 전국 각지에서 죽음을 무릅쓰고 벌 떼처럼 일어나는 농민군을 일시에 토벌하기란 결코 쉬운 일이 아니었다. 사태의 심각성을 깨달은 일본은 군사력 증강에 힘을 싣기 위해 거물 정치인 이노우에를 조선 주재 일본 공사로 발령했다.

 조선 정부 역시 부랴부랴 9월 10일에 이두황을 죽산 부사로, 성하영을 안성 군수로 발령하여 경기 지방과 충청도 내륙 지방을 지키게 했다. 그리고 9월 21일에 신정희를 도순무사로 삼아 남쪽의 농민군을 토벌하도록 했다.

  정부와 일본군이 농민군의 토벌을 위해 가장 중요하다고 생각한 곳은 공주였다. 이것은 농민군도 마찬가지였다. 1차 기병에서 전주가 그랬듯이 공주는 서울 진격을 위해 반드시 거쳐야 할 관문이었다. 공주는 서울로 올라가는 병목과 같은 곳이었기 때문이다. 군사적으로 그만큼 중요한 곳이었다.

계룡산의 한 줄기가 서북쪽을 향해 휘달리다가 금강에 가로막혀 강굽이를 끼고 남쪽으로 꺾어진 곳, 거기 산울타리를 둘러친 듯한 곳에 넓은 땅을 껴안아 이루어진 호젓한 분지. 여기가 바로 공주이다. 그래서 공주는 북쪽으로 금강이 감싸고 있고, 나머지 삼면은 산으로 둘러싸여 있는 천연의 요새이다. 한때 백제의 도읍지였으며, 천 년 동안 공주라는 이름으로 번영을 누려 온 곳. 이제 공주에서 벌어질 농민군과 정부군 사이의, 피로 산과 들과 강을 적시는 대결전의 순간이 시시각각 다가오고 있었다.

"공주성을 향하여, 진격!"

전봉준은 드디어 대혈전이 벌어질 공주성을 향하여 진격 명령을 내렸다.

논산을 떠난 농민군이 선택한 진격로는 두 갈래였다. 하나는 노성에서 경천으로 가는 길로서, 이 길은 무너미고개를 지나 효포, 곰티고개를 넘어 공주를 공격할 수 있는 동쪽 진격로였다. 그리고 다른 하나는 노성에서 취병산을 넘어 이인역으로 가는 길인데, 이 길은 우금치나 곰나루를 넘어 공주를 공격할 수 있는 서쪽 진격로였다.

공주로 진격하는 동안 전봉준은 군사를 나누어 보내 세성산, 예산 등지에서 부분적으로 전투를 벌이며 정부군의 병력을 분산시켰다. 그것은 공주를 포위해 가는 농민군의 주력 부대에 대비하여 정부군이나 일본군이 병력을 신속하게 공주로 집결할 수 없게 하려는 작전이었다.

경천에 본진을 친 전봉준은 작전 회의를 열었다.

"군사를 둘로 나누어 공격하는 것이 좋겠어요."

전봉준의 의견에 손병희도 찬성했다.

"우리 북접 부대가 이인 쪽을 맡겠습니다."

"좋습니다. 효포 쪽은 우리가 맡지요."

10월 22일, 농민군은 이인역을 점령했다. 그러나 다음 날인 23일에 정부군의 역습으로 점령지를 다시 내놓고 후퇴를 해야 했다.

"분하다. 빼앗은 곳을 다시 잃다니……."

"방심하다가 당했다. 이인을 다시 빼앗자."

또다시 농민군의 치열한 공격이 시작되었다. 일진일퇴. 밀고 밀리는 싸움이 계속되는 동안 또 다른 농민군 부대가 공주 감영 쪽에 이르자, 정부군은 감영을 지키기 위해 황급히 군사를 거두어 후퇴하고 말았다. 정부군의 전사자 120여 명, 부상자 300여 명. 농민군은 이인역 싸움에서 승리를 거두어 사기가 크게 올랐다.

다음 날은 효포와 곰티에서 전투가 벌어졌다. 전봉준은 농민군 1대를 보내 효포를 치게 하는 한편, 다른 1대로 하여금 이인에서 우금치 쪽으로 공격하게 했다. 공주성의 목을 조이게 하려는 것이었다. 공주성 주변의 고지는 모두 농민군의 깃발이 휘날리고, 이제 공주는 북쪽 금강을 제외한 삼면을 모조리 농민군에게 포위당한 꼴이었다.

"공주의 방어선이 뚫리면 서울이 위험하다."

위기 의식을 느낀 정부군은 필사적으로 포와 총을 쏘아 대며 곰티 고개를 지켰다. 그러나 곰티고개를 가득 메운 전우의 시체를 타고 넘으면서 소나기 같은 총알 속을 뚫고 돌진해 오는 농민군의 기세를 보고는 간담이 서늘해졌다.

"저놈들은 죽는 것도 무섭지 않나?"

"저기 가마 위의 장수가 전봉준이다."

특히 오색기를 펄럭이며 나팔을 부는 독전대에 둘러싸여 전투를 지휘하는 가마 위의 전봉준을 보고는 싸울 용기마저 잃고 말았다.

농민군의 전세가 점점 더 유리해져 가고 있을 무렵 뜻밖의 상황이 벌어졌다. 정부군의 후원군이 몰려온 것이었다. 대교 전투에서 돌아온 홍운섭의 부대와 모리오 대위가 이끄는 일본군이 금강을 건너와 합세하자 전세는 삽시간에 뒤바뀌고 말았다. 농민군의 빈약한 무기로는 정부군, 특히 일본군의 최신식 무기의 엄청난 위력을 당해 낼 수가 없었던 것이다.

"날이 저물어 더 이상 싸울 수가 없으니 일단 후퇴합니다."

전봉준은 농민군을 경천으로 후퇴시켰다. 피해 상황을 파악해 본 결과, 생각보다 훨씬 심각했다. 농민군들에게 목숨처럼 소중한 대포와 총기를 많이 빼앗겼고, 사상자의 수도 너무 많았다. 또 그만큼 사기도 떨어져 있었다.

'적의 무기가 너무 우수하여 부분적인 전투로는 공격이 어렵다. 방

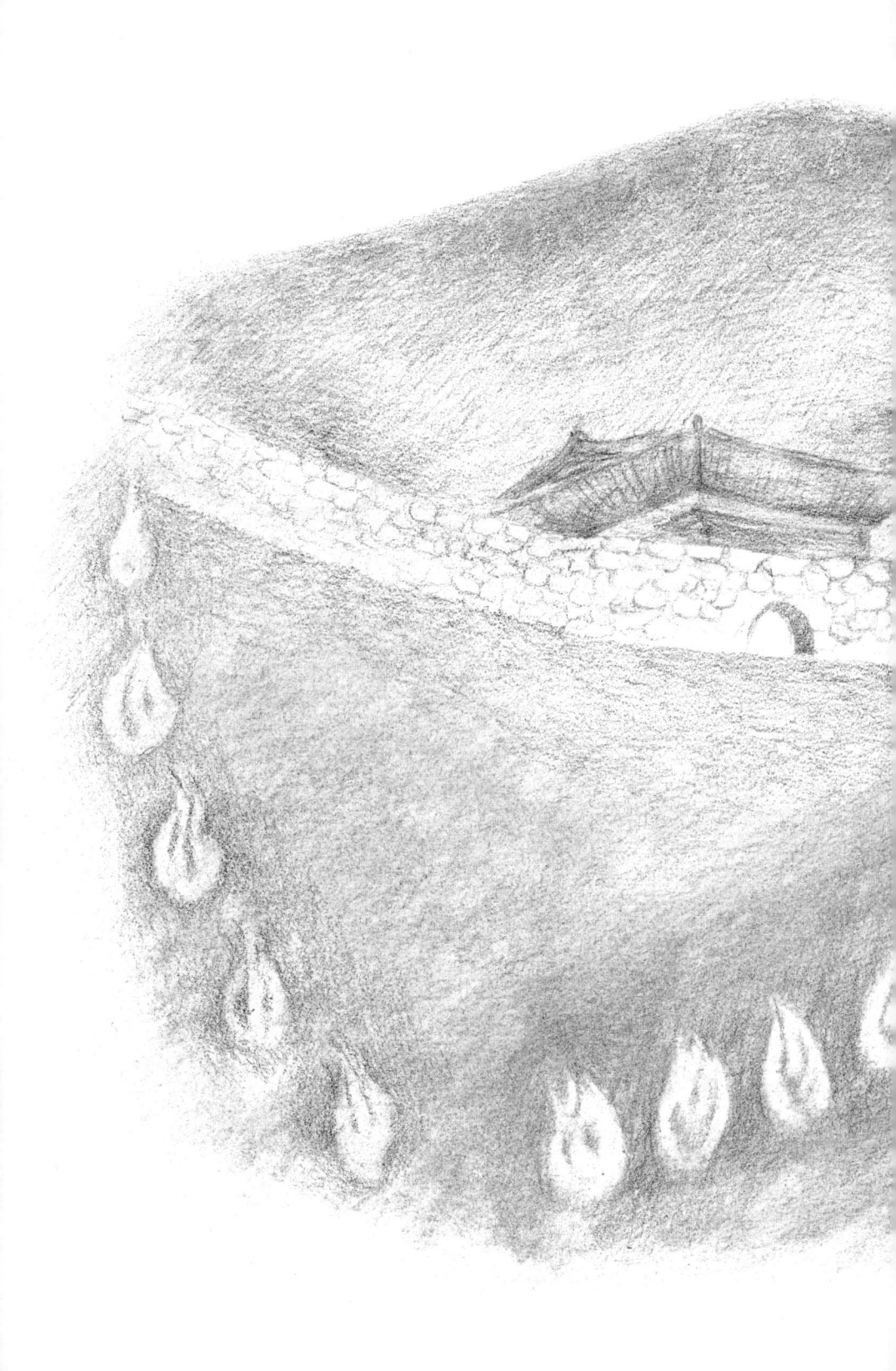

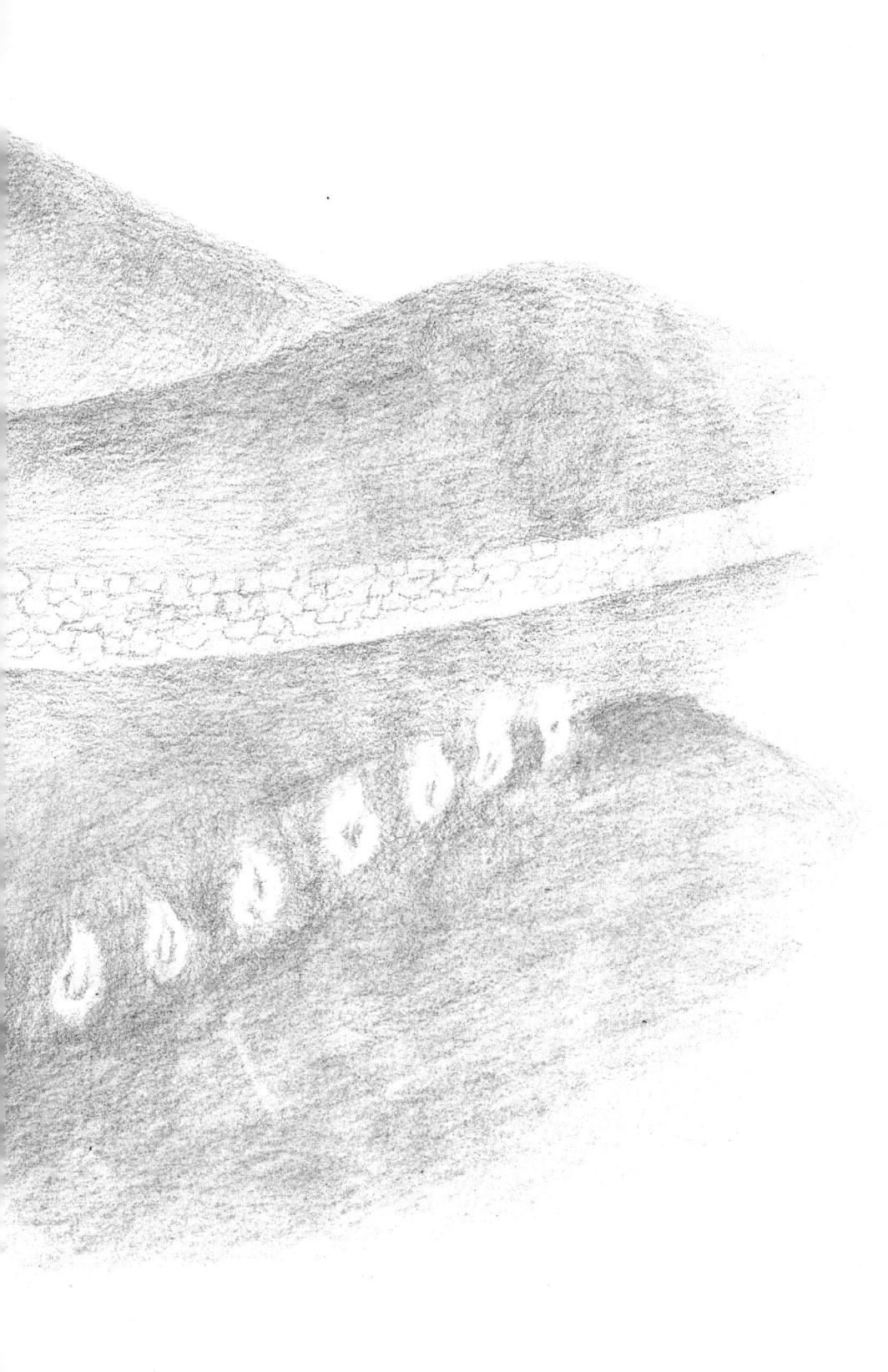

법은 오직 하나, 총공격이다.'

이런 판단을 내린 전봉준은 전열 정비를 위해 본진을 다시 논산으로 옮겼다. 그리고 여기저기에서 정부군과 싸움을 벌이고 있는 농민군을 모두 불러 모았고, 남원에 머물고 있는 김개남에게 함께 싸울 것을 요청하는 등 총공격을 위한 준비를 서둘렀다.

공주를 방어하고 있는 정부군과 일본군의 화력이 상상을 넘어설 만큼 막강하다는 것을 안 전봉준은 이것을 깨뜨릴 전략과 전술을 면밀히 검토했다. 공주로 들어가려면 북쪽의 금강을 제외하고는 삼면의 가파르고 좁은 고갯길을 통해야 했다. 방어에 유리한 지형인 반면, 공격을 위해서는 다른 지역에서보다 훨씬 더 많은 병력을 투입해야만 했다. 역시 총공격이라는 결론이었다. 적들이 유리한 지형적 조건과 막강한 화력을 갖추고 있음을 감안할 때, 공주를 완전히 포위하여 일시에 총공격을 퍼붓는 것 외에는 방법이 없었다.

전봉준이 잡은 공격로는 우금치를 비롯하여 효포, 곰티, 곰나루, 금학동 등 모두 다섯 곳이었다. 그중에서 주 공격로로 잡은 곳이 우금치, 고개가 하도 험하여 소를 데리고 넘지 못한다는 바로 거기였다.

11월 3일, 부대를 재편성하고 전열을 가다듬은 농민군은 다시 공주성 공격에 나섰다. 농민군은 산과 골짜기를 넘어 대포를 터뜨리고 깃발을 흔들면서 거대한 강물이 흐르듯 맹렬한 기세로 공주를 향해 올라갔다.

11월 8일에는 무너미고개를 향해 돌격하던 농민군 부대가 이인의 정부군 성하영 부대를 공격하여 우금치로 밀어붙였고, 무너미고개를 지키던 구상조 부대를 공격하여 곰티 쪽으로 후퇴하게 했다. 사태가 심상치 않음을 느낀 공주 감영에서는 모리오 대위가 이끄는 일본군을 우금치로 급히 보내 우금치 방어에 주력하도록 했다.

그날 밤, 농민군은 산 위에 올라 한꺼번에 횃불을 밝혔다. 끝없이 이어진 그 불길은 공주를 삼면으로 에워싸고 금세라도 집어삼킬 듯이 이글거렸다. 정부군은 어둠 속에서 숨을 죽인 채 그 광경을 지켜보고 있었다.

19. 아, 우금치

　날이 밝아 11월 9일이 되자 마침내 농민 전쟁 최대의 격전인 우금치 전투가 시작되었다.
　농민군의 주력 부대는 우금치를 지키고 있는 정부군과 우금치 옆 뱁새울 앞산에 있는 일본군을 향해 진격해 갔다. 그날 농민군의 위세를 정부군 측에서는 이렇게 적었다.

　9일, 날이 밝아 적세를 상세하게 탐지하니 각 진이 서로 바라보이는 곳에 각종의 기를 두루 꽂고, 동쪽 무너미고개 뒷산으로부터 서쪽 봉황산 뒷기슭에 이르기까지 30, 40리를 연이어 산 위에 진세를 펼치니, 사람으로 마치 병풍을 두른 것 같아 그 세력이 엄청나게 크다. … 금학·곰티·효포를 넘어오는 적들은 10리 거리의 서로 바라보이는 높은 산에 나란히 진을 치고 있는데, 때로 고함치고 때로 포를 쏘면서 곧 침범할 기세를 보이고 있다.

　정부·일본 연합군은 우금치고개로 올라가는 농민군에게 뛰어난

화력을 지닌 최신식 총기로 무차별 사격을 가했다. '드르르륵.' 쿠르프 기관총이 불을 뿜을 때마다 농민군은 수십 명이 한꺼번에 쓰러졌다.

"우금치만 넘으면 공주는 바로 눈앞이다. 진격! 진격!"

전봉준의 목소리는 컥컥 쉬어 있었다.

농민군의 투지는 무서웠다. 1대가 무너지면 2대가, 2대가 무너지면 다시 3대가 우금치를 향해 뛰었다. 그러나 우금치 위에서 뿜어 나오는 연합군의 화력은 막강했고, 우금치는 높고 험하기만 했다. 총소리와 대포 소리가 하늘을 가르고 땅을 울리는 가운데 농민군과 연합군의 시체가 겹으로 쌓이며 피가 내를 이루었다.

피비린내 나는 전투가 7일 동안 40, 50차례나 계속되면서 농민군의 전력은 바닥이 나고 말았다. 탄약도 식량도 떨어지고, 무엇보다 사상자가 너무 많았다. 뒷날 전봉준도,

"2차 접전 후 1만여 명의 군병을 점고하니 남은 자가 3천여 명을 넘지 않았으며, 그 후 다시 2차로 접전한 후 점고하니 5백여 명을 넘지 않았다."

라고 한탄했을 만큼 농민군은 철저하게 패배했다. 아무리 신념과 투지가 뛰어나더라도 모든 전력을 한곳으로 탄탄하게 모으지 못하면, 또 전투 현장에서 필수적 요소인 무기와 전투 기술이 떨어지면 패하고 만다는 교훈을 남긴 채 공주의 대결전은 서서히 막을 내리고 있었다.

우금치에서 농민군의 주력 부대가 정부군과 일본군에게 철저하게 무너지고 있을 때, 곰나루·곰티·효포·금학동 등지에서도 농민군은 같은 운명을 맞이하고 있었다. 연합군의 막강한 화력과 전술 앞에서는 한마디로 역부족이었다.

농민군은 공주를 바로 눈앞에 둔 채 무너져 내리고 말았으며, 수를 헤아릴 수도 없이 많은 전우의 시체를 남겨 두고 공주를 떠나 논산으로 돌아와야 했다. 논산으로 돌아오는 그들의 눈에서는 뜨거운 눈물이 흐르고 있었다.

11월 14일, 정부군과 일본군은 후퇴하는 농민군을 추격하기 시작했다. 농민군은 뒤를 쫓는 연합군과 맞서 싸우면서 논산을 떠나 다시 전주성으로 내려갔다. 호남 지방에는 아직도 농민군이 다시 일어날 수 있는 여건이 충분하다고 판단했기 때문이었다. 그러나 11월 25일의 원평 전투에서 패배하고, 이어 벌어진 태인 전투에서도 지고 말아 전봉준은 마침내 농민군을 해산하지 않을 수 없게 되었다.

'그냥 주저앉을 수는 없다. 우리가 아니면 나라를 구할 사람이 없다.'

전봉준의 신념은 꺾이지 않았다.

'다시 일어서기 위해서는 마지막 남은 불씨라도 보존해야 한다.'

전봉준은 직속 부대에게 해산을 하여 다음 명령을 기다리게 했다. 그리고 깊이 믿는 부하 몇 명만을 데리고 어디론가 길을 떠났다.

20. 다시 피는 녹두꽃

"광주의 손화중 부대도 해산을 한다고 합니다."

첩보를 전하는 부하의 목소리가 날씨만큼이나 을씨년스러웠다.

"김개남 장군은 태인에 숨어 있다고 합니다."

들리는 것마다 우울한 소식이었다. 그러나 전봉준은 절망하지 않았다. 물론 봉건 정부와 섬 오랑캐의 무리를 몰아내고, 농민들을 위한 새 세상을 이루려는 신념 역시 조금도 줄어들지 않았다.

"서울로 간다. 적들은 농민군의 뒤를 쫓느라 서울 방어에는 오히려 허술할 터. 기회를 보아서 서울을 친다."

전봉준은 부하를 보내 흩어진 직속 부대를 다시 모아 서울로 집결하게 했다. 그리고 태인으로 부하를 보내 김개남을 만나게 하고, 자신은 백양사를 떠나 서울로 가던 길에 순창엘 들렀다. 순창은 전주 화약 이후 집강소를 설치하고 전라도 일대를 지휘하던 곳이며, 또한 옛 부하인 김경천이 살고 있는 곳이기도 했다.

"김경천을 찾자. 우릴 도와 힘이 되어 줄 것이다."

12월 2일 저녁 무렵, 전봉준은 부하 셋과 함께 순창 피로리에 있는

김경천의 집에 도착했다. 그러나 김경천은 이미 예전에 전봉준을 따르던 그 김경천이 아니었다. 전봉준에게는 막대한 현상금과 군수라는 벼슬자리가 걸려 있었던 것이다.

김경천의 밀고로 전봉준은 발목에 부상을 당한 채 붙잡히고 말았다. 한 개인의 탐욕과 잘못된 판단으로 말미암아 우리 나라 근대사의 흐름이 뒤바뀌는 순간이었다.

"김경천, 네가! 아, 이 나라, 이 백성들은 어찌 되는가."

서울로 압송되면서 전봉준은 피눈물을 삼켰다. 믿었던 옛 부하의 배신에 대한 아픔보다는 우리나라와 가엾은 농민들의 어두운 앞날에 대한 걱정이 더 가슴을 저몄다.

서울로 가는 전봉준.

나라와 백성들을 구하기 위해 서울을 치러 가는 길이 아니라, 이제 더 이상은 어찌해 볼 수가 없는 몸이 되어 끌려가는 길이었기에 그의 가슴은 천 갈래, 만 갈래로 찢어졌다.

서울로 압송된 전봉준은 일본 영사관에 갇혀 조선 법관과 일본 영사들에게 여러 차례에 걸친 합동 심문을 받았다. 조선 법관이 죄인 취급을 하자 전봉준은,

"농민군은 잘못된 세상을 바로잡으려 하는 사람들이다. 탐학 관리를 몰아내고 그릇된 정치를 바로잡는 것이 어찌 잘못이며, 조상의 후광에 힘입어 백성들의 피를 빠는 자들을 없애는 게 어찌 잘못이며, 사람의 탈을 쓰고 사람을 매매하고 나라를 농락하여 제 뱃속만

채우는 자들을 치는 것이 어찌 잘못이냐. 너희는 외적을 이용하여 자기 나라와 백성을 해하는 무리가 아니더냐. 그 죄가 가장 중대하거늘 도리어 나를 죄인이라 이르느냐."

하면서 법관을 꾸짖었다. 또 심문 때마다 갖은 악형을 가하면서 고문을 했지만 그때마다 전봉준은,

"너희는 나의 적이요, 나는 너희의 적이니라. 나, 너희를 쳐 없애고 나랏일을 바로잡으려 했으나 도리어 너희 손에 잡혔으니 너희는 나를 죽일 뿐, 다른 것은 묻지 말라. 나, 적의 손에 죽기는 할지언정 적의 법을 받지는 않겠다."

하고 호통을 쳤다.

일본의 유혹도 있었다. 전봉준을 살려 조선 침략에 써먹으려는 속셈이었다. 그러나 전봉준은 일본의 그런 제의를 거들떠보지도 않았다.

"내가 살리고자 하는 것은 내 목숨이 아니라 우리나라와 백성들, 나는 내 나라와 백성들을 위해 목숨을 바친 지 이미 오래다."

1895년 3월 29일, 그날은 아침부터 비가 오고 있었다.

손화중·최경선·김덕명·성두한 등의 농민군 동지들과 함께 교수대에 선 전봉준은 만감이 교차했다.

'이 전봉준, 비록 뜻을 이루지 못하고 죽어 가지만, 앞으로 또 다른 전봉준이 나올 것이다. 해마다 녹두꽃이 다시 피듯이.'

전봉준은 사형 집행 직전의 순간에도 당당했다.

"가족들에게 남길 말은 없는가?"

"다른 말은 없다. 나를 죽일진대 종로 네거리에서 목을 베어 오가는 사람들에게 내 피를 뿌려 주는 것이 옳거늘, 어찌 컴컴한 적굴 속에서 몰래 죽이느냐."

이렇게 전봉준은 갔다.

그러나 전봉준은 죽지 않았다.

새야 새야 파랑새야
녹두밭에 앉지 마라
녹두꽃이 떨어지면
청포장수 울고 간다.

그를 믿고 따르던 수많은 백성들의 애끓는 노랫소리가 지금도 우리들의 가슴속에 살아 있지 않은가!

전봉준은 살아 있다. 그는, 멀리는 3·1 운동을 통해서 되살아났고, 가까이는 5·18 광주 민주화 운동을 통해서도 되살아났다.

전봉준은 살아 있다.

해마다 다시 피는 녹두꽃처럼, 전봉준 그는 우리의 역사가 살아 흐르는 한 영원히 우리의 가슴속에서 살아 숨 쉴 것이다.